4

3

2

5초의 법칙

5초의 법칙

초판 1쇄 발행 2017년 9월 1일
초판 27쇄 발행 2025년 11월 28일

지은이 멜 로빈스 / **옮긴이** 정미화

펴낸이 조기흠
총괄 이수동 / **책임편집** 박의성 / **기획편집** 최진, 유지윤, 이지은
마케팅 박태규, 임은희, 김예인, 김선영 / **제작** 박성우, 김정우
디자인 필요한 디자인 / **일러스트** 그림요정 최광렬

펴낸곳 한빛비즈(주) / **주소** 서울시 서대문구 연희로2길 62 4층
전화 02-325-5506 / **팩스** 02-326-1566
등록 2008년 1월 14일 제25100-2017-000062호

ISBN 979-11-5784-204-9 13320

이 책에 대한 의견이나 오탈자 및 잘못된 내용은 출판사 홈페이지나 아래 이메일로 알려주십시오.
파본은 구매처에서 교환하실 수 있습니다. 책값은 뒤표지에 표시되어 있습니다.

⌂ hanbitbiz.com ✉ hanbitbiz@hanbit.co.kr ▮ facebook.com/hanbitbiz
▮ post.naver.com/hanbit_biz ▶ youtube.com/한빛비즈 ▮ instagram.com/hanbitbiz

The 5 Second Rule: Transform Your Life, Work, and Confidence with Everyday Courage
Copyright © 2017 by Mel Robbins

Korean translation copyright © 2017 by HANBIT BIZ, Inc.
This Korean edition published by arrangement with Mel Robbins c/o Dupree/Miller & Associates, through Shinwon Agency Co., Seoul. Published by HANBIT Biz, Inc. Printed in Korea
이 책의 한국어판 저작권은 신원에이전시를 통해 저작권자와 독점 계약한 한빛비즈㈜에 있습니다.
저작권법에 의해 한국 내에서 보호를 받는 저작물이므로 무단전재와 복제를 금합니다.

지금 하지 않으면 할 수 없는 일이 있습니다.
책으로 펴내고 싶은 아이디어나 원고를 메일(hanbitbiz@hanbit.co.kr)로 보내주세요.
한빛비즈는 여러분의 소중한 경험과 지식을 기다리고 있습니다.

당신을
시작하게 만드는
빠른 결정의 힘

5초의 법칙
FIVE SECOND RULE

멜 로빈스 지음 | 정미화 옮김

한빛비즈

Practice
5초의 법칙을 시작하는 법

당신이 할 수 있다고 생각하든 할 수 없다고 생각하든,
당신의 생각대로 될 것이다.
— 헨리 포드

5초의 법칙을 가장 빨리 실행하는 방법은 내가 했던 방식으로 시작하는 것이다. 맛보기로 당장 내일 아침부터 할 수 있는 간단한 '기상 챌린지Wake Up Challenge'를 소개한다. 평소보다 30분 정도 빨리 알람을 맞춰놓고, 알람소리가 울리는 순간 5부터 1까지 숫자를 거꾸로 세고 잠자리에서 몸을 일으킨다.

변화는 간단하지만, 쉽지 않다

이 도전이 중요한 데는 몇 가지 이유가 있다.

첫째, 꾸물거릴 겨를이 없다. 도전은 간단하다. 알람시계를 준비하고 '5, 4, 3, 2, 1' 숫자 세기만 하면 그만이다. 만약 도전에 실패한다면 스스로 5초의 법칙을 무시하기로 결정했기 때문이다.

둘째, 아침을 바꿀 수 있다면 무엇이든 바꿀 수 있다. 변화하려면 기분에 개의치 않고 의도적으로 행동해야 한다. 삶의 한 영역에서 그렇게 할 수 있다면 개선을 시도하는 다른 영역에서도 할 수 있다.

셋째, '활성화에너지'라는 개념을 경험해보고 간단한 일을 하기 위해 스스로를 몰아붙이는 것이 얼마나 어려운지 직접 느껴볼 수 있다. 화학에서 활성화에너지는 화학반응을 일으키는 데 필요한 최소한의 에너지를 말한다. 화학자들은 처음 화학반응을 일으키는 데 필요한 에너지의 양이 화학반응을 계속 유지하는 데 필요한 에너지의 평균 양보다 훨씬 많다는 것을 알아냈다.

활성화에너지가 아침에 일어나는 일과 무슨 관계가 있을까 싶겠지만, 밀접한 관계가 있다. 잠자리에서 일어나게 하는 초기 에너지의 양이 일단 일어나서 움직이며 쓰는 에너지의 양보다 훨씬 많다.

미하이 칙센트미하이는 이 개념을 인간 행동에 적용해 우리가 변화하기 어려운 이유를 밝혀냈다. 첫 번째 이유는 바로 활성화에너지다. 옴짝달싹 못 하는 차를 움직이는 일이든지, 아침에 따뜻한 잠자리에서 나오는 일이든지, 변화에 필요한 초기의 힘을 활성화에너지라고 정의한다.

처음 활성화에너지를 분출한다면 불편한 느낌이 들 것이다. 자신을 밀어붙이는 행동이 거대한 저항감을 불러일으키기 때문이다. 어렸을 적 엄마가 TV를 끄면서 "TV 좀 그만 보고 들어가서 공부해!"라고 했던 것처럼, 그렇게 강력하게 밀어붙이지 않는다면 뇌는 필연적으로 아무것도 하지 않는 방향으로 돌아선다.

숫자를 5부터 1까지 거꾸로 세는 일은 전전두엽 피질을 자극할 뿐 아니라 변화에 필요한 강력한 초기 에너지를 만드는 준비 과정이기도 하다. 알람소리가 울리는 순간 일어나면 내적인 힘을 얻는다. 알람소리가 울릴 때 잠자리에서 일어나는 작은 행동 하나는 우리에게는 해야 할 일을 실행하는 내면의 힘이 있다는 것을 보여준다.

인생을 바꾸는
첫 번째 단계

아침에 잠자리에서 벗어날 수 없다면 내 인생에서 어떤 변화도 추구할 수 없다. 내 의지에 따라 아침을 통제하기 시작한다면 모든 영역의 변화로 이어지는 연쇄반응을 촉진하는 셈이다.

1단계 잠자리에 들기 전 다른 방(내 경우에는 화장실)에 알람시계를 놓고 평상시 기상 시간보다 30분 정도 이른 시간에 알람을 맞춰놓는다. 알람시계를 30분 일찍 맞춰놓고 기상 챌린지를 시작하라고 권하는 이유는 단순하다. 문자 그대로 도전이 힘들게 느껴졌으면 하는 바람 때문이다. 침대 밖으로 몸을 끌어내는 사소한 일조차 우리에게는 도전이다.

2단계 내일 아침 알람소리가 울리자마자 눈을 뜨고 숫자를 거꾸로 세기 시작한다. '5, 4, 3, 2, 1' 이불을 걷어 젖히고 몸을 일으켜 침대 밖으로 나온다. 그리고 하루를 시작한다. 지체하지 않고, 머리를 베개 아래로 들이밀지도 않는다. 꾸물거리지 않고, 타이머 버튼을 누르지 않고, 다시 침대로 기어들어가지 않는다.

5,
4,
3,
2,
1,

기상!!

아침의 예상 시나리오는 이렇다. 알람이 울리면 잠자리에서 일어나는 일을 두고 내 기분이 어떤지 생각할 것이다. '이 기상 챌린지는 어리석은 짓이야.' 피곤한 기분이 들고, 내일부터 시작하라고 스스로에게 설득을 시도할 것이다.

예전에 내가 그랬던 것처럼, 당신도 일어나고 싶지 않을 것이다. 하지만 5초의 법칙은 침대에서 벗어나는 법을 알려줌으로써 일어나고 싶지 않은 감정을 이겨내도록 도와준다.

많은 사람들이 '하고 싶은 기분이 아니야'라는 태도를 갖는다. 그런 순간 5초의 법칙은 행동을 시작하는 데 도움이 된다. '그럴 기분이 아니야'라는 태도는 하루 전체에 영향을 미친다. 5초의 법칙을 사용해야 하는 중요한 또 다른 이유다. 5초의 법칙은 남은 인생에 낙수 효과를 미칠 것이다. 마음가짐이 말 그대로 불과 몇 초 사이에 달라진다.

단순히 일찍 일어나는 것만이 아니다. 항상 현실에 안주하고 자신의 열정을 거의 좇지 않았던 사람에서 매번 5초 안에 결정을 내리면서 인생을 스스로 책임지는 사람으로 변할 것이다.

이 모든 변화는 알람이 울렸을 때 일어나는 일부터 시작된다. 제시간에 일어나서 하루를 활기차게 시작하고, 미리 계획을 세우고, 목표를 생각하고, 자신에게 집중할 수 있다면 분명 더 많을 것을 이루게 된다. 이 모든 일을 틀에 박힌 하루 일과 속에 묻혀 옴짝달싹 못 하게 되기 전에 한다면 말이다. 이것이 내 인생을 스스로 통제하는 첫 단계다.

아침에 일어나기 위해 5초의 법칙을 만들었지만, 5초의 법칙은 제시간에 일어나는 것보다 훨씬 더 중요한 일과 관련이 있다는 점을 기억하자. 5초의 법칙은 내 안의 힘을 깨우는 방법이고, 내면의 힘을 이용해 인생을 바꾸는 방법이다.

기상 챌린지를 시도해본 다음, 5초의 법칙을 이용하면서 자신에 대해 알게 된 점을 알려줘도 좋다. 장담컨대 이런 사소한 변화가 더 큰 변화를 가져올 것이다.

~~피곤해.~~
~~너무 추워.~~
~~너무 더워.~~
~~밖에 비가 내리네.~~
~~너무 늦었어.~~

시작한다.

🕊 내 몸과 마음이 이런 종류의 법칙에 익숙지 않아서 불편한 느낌입니다. 하지만 기꺼이 연습할 생각입니다. @제롬

🕊 안녕하세요, 멜! 지난밤 선생님의 TED 강연을 듣고 오늘 아침 수년 만에 처음으로 제시간에 일어났어요. 놀랍게도 타이머 버튼도 누르지 않았어요. 하루를 이렇게 긍정적으로 바라본 적이 없었어요. 내 삶의 모든 영역에 이 방식을 시도해보려고 해요.
선생님의 이야기와 교훈이 전 세계 사람들에게 영향을 주고 있습니다. @엠마

🕊 새벽 운동으로 하루를 시작했어요. 5초의 법칙 덕 좀 봤지요. 고마워요, 멜 로빈스! @트레이시

🕊 당신의 TED 강연 영상을 방금 봤어요. 내일 아침 평소보다 30분 일찍 눈을 뜨게 되면 당신 욕을 할지 모르지만, 침대에서 몸을 일으켜보려 합니다. @패티

차례

Practice 5초의 법칙을 시작하는 법 · 4

1부 5초의 법칙 ···················· 17
1장 인생을 바꾸는 5초 · 18
2장 5초의 법칙을 발견하다 · 30
3장 5초의 법칙이 바꾸는 것들 · 47
4장 5초의 법칙 Q&A · 67

2부 용기의 힘 ···················· 83
5장 일상생활 속에서 내는 용기 · 84
6장 왜 기다리고만 있는가? · 101
7장 그렇게 하고 싶은 기분은 절대 들지 않는다 · 125

3부 행동을 바꾸는 용기 ···················· 147
들어가기에 앞서 가장 생산적인 사람이 되는 법 · 148
8장 삶을 건강하게 만드는 원칙 · 152
9장 일상을 지배하는 모닝 루틴 · 171
10장 미루는 습관의 두 얼굴 · 190

4부 생각을 바꾸는 용기 ····· 209

들어가기에 앞서 가장 행복한 사람이 되는 법 · 210
11장 걱정은 습관이다 · 215
12장 불안을 이해하라 · 228
13장 두려움을 이기는 생각의 닻 · 244

5부 모든 것을 바꾸는 용기 ····· 255

들어가기에 앞서 최고의 성취감을 느끼는 사람이 되는 법 · 256
14장 자신감은 작은 승리로부터 시작된다 · 259
15장 열정은 생각의 틀 밖에 있다 · 281
16장 알맞은 때는 오직 지금이다 · 296

결론 나의 힘 · 315

1부

5초의 법칙

1장
인생을 바꾸는 5초

자신의 삶을 바꿔줄 한 사람을 찾고 있다면
거울을 보라.

"인생을 바꾸는 데 5초면 충분하다."

당신은 방금 놀라운 아이디어를 만났다. 허풍처럼 들리겠지만, 그렇지 않다. 엄연한 사실이고, 이 책이 그걸 증명한다.
5초 안에 내리는 결정 하나로 인생이 바뀐다.

이 책은 '5초의 법칙'이 무엇이고, 왜 효과가 있으며, 전 세계 사람들의 삶을 어떻게 바꿔놓았는지 보여준다. 무엇이든 변화시킬 수 있는 5초의 법칙은 심지어 쉽고 강력하다. 지금 당장 5초의 법칙을 실험해봐도 좋다. 단언할 수 있다. 이 법칙은 당신이 살아가고, 일하고, 말할 때 더 큰 자신감과 용기를 줄 것이다.

나는 내 인생의 모든 것이 붕괴되고 있을 때 5초의 법칙을 만났다. 부부관계, 재정 상태, 경력, 자존감… 정말 모든 것이 무너져가고 있었다. 너무 엉망진창이어서 매일 아침 침대에서 일어나는 것조차 고역이었다.

시작은 알람시계를 꺼버리는 버릇을 고치기 위해서였다. 그러니까 7년 전, 맨 처음 5초의 법칙을 이용했을 때는 바보 같은 짓이라고 생각했다. 내 인생과 일, 자존감에 관한 모든 것을 바꾸는 강력한 상위 인지meta cognition 기술, 즉 행동을 통제하는 방법을 만들어냈을 줄은 생각지도 못했다.

5초의 법칙과 5초 안에 내리는 결정의 힘을 알게 된 후 나에게는 믿기 힘든 일이 일어났다. 아침에 제시간에 일어났을 뿐 아니라, 인생 전체가 완전히 달라졌다. 5초의 법칙을 이용해서 자신감부터 재정 상태, 결혼생활, 경력, 생산성, 양육 방식까지 삶의 모든 것을 관리하고 개선했다. 파산 직전 상태의 통장 잔고가 어마어마하게 불어났고, 부부싸움이 일상이었던 부부관계가 결혼 20주년을 축하하는 관계로 바뀌었다. 불안 증세를 고쳤고, 소규모 사업체 두 곳을 설립한 뒤 매각했으며, CNN과 〈석세스매거진〉 팀에 스카우트 되었다. 그리고 전 세계에서 의뢰를 가장 많이 받는 강연자 중 한 명이 되었다.

나는 그 어떤 때보다 더 행복하고, 자유로우며, 온전히 내 의지대로 삶을 통제하고 있다.

5초의 법칙이 없었다면 어느 것 하나 바꿀 수 없었을 것이다.

모든 것을 바꾼 5초의 법칙

5초의 법칙은 내게 변화하는 방법을 알려줬다. 생각이 너무 많았던 나에서 행동 편향(bias toward action, 똑같은 결과 혹은 더 나쁜 결과가 나오더라도 가만히 있는 것보다 행동하는 편이 낫다는 생각 - 옮긴이)적인 나로 변화했고, 셀프 모니터링(self-monitoring, 타인과 마주한 상황에서 자신의 감정 표출이나 자기표현 방식을 스스로 관찰하면서 조정·통제하는 것 - 옮긴이)을 터득하고, 보다 현실적이고 생산적인 사람으로 변했다. 의심을 거두고, 내 자신과 내 생각, 내 능력을 믿는 법을 배웠다. 타인이 아닌 나 자신을 위해 더 행복하고 좋은 사람이 되는 내면의 힘도 얻었다.

모두 5초의 법칙을 통해서였다.

이어지는 몇 장에 걸쳐 5초의 법칙이란 무엇이고, 왜 효과가 있는지, 이 법칙을 뒷받침하는 흥미로운 과학적 증거를 알아본다. 이를 통해 5초 안에 내리는 결정과 일상생활 속 용기 있는 행동이 어떻게 삶을 바꾸는지 확인할 수 있다.

마지막으로 더 건강하고 행복하고 유능하고 생산적인 사람이 되기 위해 5초의 법칙을 실행하는 법을 최신 전략들과 연결해서 알아본다. 또한 걱정을 멈추고, 불안감을 다스리고, 삶의 의미를 찾고, 두려움을 이겨내는 법도 살펴본다.

이제부터 당신은 수많은 증거를 만나게 될 것이다. 이 책에는 5초의 법칙을 이용해서 놀라운 결과를 이뤄낸 전 세계 사람들의 경험담과 SNS 메시지가 담겨 있다. 어쩌면 5초의 법칙은 내면에 숨은 기질을 깨워 당신을 슈퍼스타로 만들어줄지도 모른다. 5초의 법칙은 아침에 제시간에 일어나는 데도 도움이 되지만, 실제로는 훨씬 더 놀라운 결과를 가져올 것이기 때문이다.

또한 스스로 삶을 책임지기 위해 여러 방식으로 5초의 법칙을 활용하고 있는 전 세계 다양한 사람들의 경험담을 통해 5초의 법칙을 적용하는 데 제약이 없고 진정한 효과를 얻을 수 있다는 점을 이해하게 될 것이다. 5초의 법칙은 누구나 실행할 수 있다.

7년 넘게 5초의 법칙을 이용하고 전 세계 사람들의 경험담을 들으면서 나는 사람들이 날마다 어렵고 불확실하고 두려운 순간을 마주한다는 사실을 깨달았다. 삶에는 용기가 필요한 순간이 있다. 5초의 법칙은 최고의 내 모습을 보이기 위해 용기를 내야 할 바로 그 순간에 도움이 된다.

5초의 법칙이 바꾸는 것은 단 하나다

5초의 법칙은 단 하나에 영향을 미친다. 바로 나 자신이다. 모든 사람들의 내면에는 각자 최고의 모습이 숨어 있다. 숨겨진 최고의 모습은 최악의 상황에서도 그대로 있다. 5초의 법칙은 내면에서 말하는 이야기를 정확히 듣고 행동으로 옮기는 용기를 준다.

5초의 법칙을 알게 된 후 나는 오랫동안 생각만 하고 변명만 늘어놓던 일들을 시작하는 용기를 얻었다. 내가 항상 바라왔던 사람이 되기 위해 내 안에 숨어 있던 힘을 오직 행동을 통해서만 드러냈다. 그리고 TV나 인터넷, 강연장에서는 '진정한 자신감'을 내 보인다.

나는 행동 본능이 현실에서도 꿈틀거릴 수 있게 존중하는 법을 터득하면서 진정한 자신감을 키웠다. 일부러 '존중'이라는 단어를 사용한 것은, 그것이 5초의 법칙을 이용할 때 우리가 하는 행동이기 때문이다.

5초의 법칙을 이용하는 것은 자기 자신을 존중하고, 자신의 아이디어를 존중한다는 의미다. 이 법칙을 이용할 때마다 진정한 자신의 모습에 한 걸음 더 다가간다. 나 역시 아이디어를 생각만 하는 사람에서 아이디어를 밝히고, 밀어붙이고, 행동으로 옮기는 사람으로 변했다.

5초의 법칙을 꾸준히 이용하고 자신의 행동 본능을 존중한다면 누구에게나 똑같은 변화가 나타날 것이다.

말로는 5초의 법칙을 이용해서 스스로 변화하는 일이 얼마나 쉬운지 깨달았다. 이 법칙을 알고 나서 며칠 뒤, 그녀는 수강 신청을 하겠다는 생각은 그만하고 실제로 등록을 했다. 하고는 싶었지만 오랫동안 핑곗거리만 늘어놓던 일이었다.

🕊 멜 선생님! 9월 토론토에서 열린 컨퍼런스에서 성취도 팀에 속

했던 참가자입니다. 저희 팀에 오셔서 인생을 바꿀 만한 놀라운 이야기를 해주셨어요. 이제 막 선생님의 책을 읽기 시작했는데 내려놓을 수가 없네요. (사실은 아직 절반 정도밖에 읽지 않았지만요.)
어느 날 저녁 침대에 누워 책을 읽다가 말 그대로 책을 내려놓고 침대에서 나와 차를 몰고 요크대학교에 가서는 수강 신청을 했어요. 하고는 싶었지만 오랫동안 줄곧 핑곗거리만 늘어놓던 일이었어요. 스스로를 밀어붙일 수 있는 힘을 이해하게 되면 삶이 얼마나 편한지 정말 놀라울 따름입니다. 선생님도, 선생님의 책도 정말 좋아요. 선생님의 지혜는 전 세계 사람들과 함께 공유해야 한다고 봅니다. 선생님은 정말 짧은 시간 안에 제 인생에 큰 영향을 미치셨어요. 무슨 일이든 잘할 자신이 있는 기분이 얼마나 멋진지 말로 다 표현할 수가 없네요. 빨리 선생님의 새 책이 나오기를 고대합니다.

말로의 말처럼, 스스로를 밀어붙일 수 있는 힘을 이해하게 되면 삶이 얼마나 편한지 정말 놀랍고 감탄이 절로 나올 따름이다.

그녀의 말이 맞다. 머릿속으로 생각하는 단계에서 벗어나 행동으로 옮기도록 스스로를 몰아붙이기 위해 5초의 법칙을 이용하게 되면 모든 것을 바꾸는 결정을 내리는 일이 얼마나 쉬운지 깜짝 놀랄 것이다.

5초의 법칙을 더 많이 이용하게 되면서 나는 온종일 사소한 결정을 하느라 망설였다는 것을 깨달았다. 조용히 있거나, 기다리거나, 위험을 감수하지 않겠다는 결정을 정확히 5초 안에 내렸다. 본능적으로 행동하고 싶었지만, 의심하거나 변명하거나 걱정하거나 두려운 생각이 5초 안에 개입해 행동 본능을 묵살했다.

문제는 나 자신이었고, 5초 안에 내 자신을 밀어붙였다면 스스로 해결할 수 있었을 것이다.

변화의 비법은 언제나 바로 내 앞에 있다.

5초 안에 결정을 내릴 것.

소설가 데이비드 포스터 윌리스가 2005년 케니언칼리지에서 한 유명한 졸업식 축사를 들어본 적이 있는가? 들어본 적이 없다면 유튜브에서 찾아볼 수 있다. 20분을 투자할 가치가 충분히 있는 연설이다. 졸업식 축사 영상에서 월리스는 이런 농담으로 축사를 시작한다.

아기 물고기 두 마리가 나란히 헤엄치고 있다가 다른 방향에서 헤엄쳐오는 어른 물고기 한 마리를 만났습니다. 어른 물고기는 고개를 끄덕여 알은 체를 하고는 말했지요. "아기 물고기들아, 좋은 아침이야. 물 상태는 좀 어때?"

아기 물고기 두 마리는 잠시 헤엄치다 서로 쳐다보면서 말했습니다. "도대체 물이 뭐야?"

이야기의 요점은 이렇다.

"우리의 현재는 너무나 명확하고 중요하지만, 정작 그것에 대해 말하거나 직시하기는 어렵다."

변화의 속성은 우리가 관찰하기도 어렵고, 이야기하는 것은 더욱 어렵다. 경력을 쌓고, 관계를 강화하고, 건강을 증진하고, 삶을 개선하기 위해 해야 한다고 알고 있는 일을 하는 것이 왜 그렇게 어려운지 그 이유가 항상 궁금했다. 그러다 5초의 법칙을 발견하면서 아주 귀중한 답을 얻었다. 매일 5초 안에 결심을 하는 데 필요한 용기가 결국 변화였다.

하나의 결정으로 완전히 다른 삶을 살 수 있다.

변화와 일상생활 속 용기 있는 행동의 힘에 대해 내가 알고 있는 모든 것을 이 책에 담았다. 알게 되면 만족할 내용일 거라고 생각한다. 가장 마음에 드는 점은 5초의 법칙을 이용했을 때 스스로 결과를 확인할 수 있다는 것이다. 그동안 얼마나 많이 주저했었는지 깨닫게 될 뿐 아니라 항상 자기 자신 안에 있었던 힘을 깨우게 될 것이다.

책 속 이야기를 읽다가 이전부터 5초의 법칙을 이용해왔다는 사실을 깨달을 수도 있다. 인생에서 가장 중요한 몇몇 순간을 돌이켜 생각해본다면 분명 온전히 본능에 따라 인생을 바꿀 만한 결정을 내렸을 것이다. 마음이 먼저 끌려 5초 안에 결정을 내렸고, 두려움을 무시하고 용기와 자신감이 이끄는 대로 따랐을 것이다.

5초의 용기로 모든 것이 바뀐다.

용기를 갖고 행동하면 뇌는 관여하지 못한다. 마음이 하는 말에 귀를 기울이면 된다. '쉬운 결정'을 내리는 방법은 5초의 법칙을 통해 알게 될 것이다.

내면의 힘을 발견하려면 당연히 노력이 필요하다. 하지만 앞서 소개한 것처럼, 스스로를 밀어붙일 수 있는 힘을 이해하게 되면 삶이 얼마나 편해지는지 정말 놀랍고 감탄이 절로 나올 것이다.

삶을 개선하는 일은 간단하고, 스스로 할 수 있으며, 하고 싶은 일이기도 하다. 자기 앞에 놓인 가장 중요한 일이기 때문이다.

기다리는 것을 멈추고 인생, 직장, 관계를 통해 얻는 마법 같은 일, 즐거움, 기회를 받아들일 수 있도록 스스로를 사랑하고 신뢰하는 법을 배우는 일이다.

여러분에게 5초의 법칙을 이용하기 시작했을 때 어떤 일이 일어났는지 무척 듣고 싶지만, 너무 앞서 나가는 것 같다. 5초의 법칙을 이용하는 온갖 흥미로운 방식을 이야기하기 전에 2009년으로 돌아가 이 모든 일이 어떻게 시작되었는지 설명할 필요가 있기 때문이다.

용기 【명사】

- 어렵거나 무서운 일을 하는 능력
- 자신의 안전지대 밖으로 나가는 일
- 자신의 아이디어를 공유하거나 당당하게 의견을 밝히거나 앞으로 나서는 일
- 자신의 믿음과 가치관을 굳게 지키는 일
- 그리고 때로는 잠자리에서 일어나는 일

2장
5초의 법칙을 발견하다

용기는 예상치 못한 순간에 나온다.
― J. R. R. 톨킨

    이 모든 일은 2009년에 시작되었다. 그때 나는 마흔한 살이었고, 재정적으로 일적으로 개인적으로 몇 가지 심각한 문제에 직면했다.
    매일 아침 눈을 뜨면 온통 두려움뿐이었다.

    그런 경험이 있다면 알겠지만, 정말 최악이다. 알람이 울려도 일어나서 하루를 시작하고 싶지 않고, 온갖 고민으로 머릿속이 뒤죽박죽인 채 뜬눈으로 밤을 지새운다.
    당시 내가 그랬다. 몇 개월 동안 여러 문제로 엄청난 스트레스를 받아서 아침마다 겨우 일어났다. 오전 6시 알람이 울리면 누운 채로 이런저런 생각을 했다. 또 다시 시작되는 하루, 저당 잡힌 집, 마이너스가 된 통장 잔고, 실패한 직장생활, 남편에 대한 분노…. 그러고는 알람시계의 타이머 버튼을 눌러버렸다. 이런 하루가 반복적으로 펼쳐졌다.

처음에는 대수롭게 여기지 않았다. 하지만 나쁜 습관이 그렇듯이, 시간이 가면서 문제가 눈덩이처럼 불어나더니 급기야 하루 전체에 영향을 미쳤다. 결국 침대에서 일어났을 때쯤이면 아이들은 이미 지각, 나는 인생의 실패자가 된 기분이 들었다. 대부분의 날들을 피곤하고, 시간에 쫓기고, 완전히 넋을 놓고 지냈다.

어쩌다 그 지경에 이르게 된 건지 지금도 모를 일이다. 항상 패배감에 젖어 있었다는 기억만 있을 뿐이다.

직장 경력도 엉망진창이었다. 12개월 동안 직업을 수없이 바꾸면서 내 본모습을 잃어갔다. 로스쿨을 졸업한 뒤 나는 뉴욕의 형사변호법률구조협회에서 국선변호사로 사회에 첫발을 내딛었다. 이후 남편 크리스를 만나 결혼을 했고, 크리스의 MBA 학위 취득을 위해 보스턴으로 이사했다. 보스턴의 대형 로펌에 취직해서 미친 듯이 일했지만 항상 비참한 기분이었다.

딸을 낳고는 출산 휴가를 이용해서 새 직장을 구하러 다니다가 보스턴의 벤처업계에 발을 들여놓았다. 몇 년 동안 여러 벤처

회사에서 일했다. 일도 재미있고 많은 것을 배웠지만, 내 적성에 맞는 일이라는 생각은 한 번도 들지 않았다.

어떻게 살아야 할지 도움을 얻기 위해 라이프코치를 찾아갔다. 코치와 함께 고민을 나누면서 라이프코치가 되고 싶다는 마음이 들었다. 그래서 많은 사람들과 마찬가지로 낮에는 일을 하고, 퇴근 후에는 양육에 전념하고, 밤에는 필요한 자격증을 따기 위해 공부를 했다. 그리고 마침내 라이프코칭사업을 시작했다. 라이프코칭 일은 정말 마음에 들었다. 방송계 쪽의 요청이 없었다면 아마 지금도 계속 라이프코칭 일을 하고 있었을 것이다.

방송은 정말 운 좋게 시작했다. 〈Inc.〉에 실린 내 라이프코칭 사업 기사를 CNBC 임원이 보고 전화를 했다. 그 전화 한 통 이후 수차례 미팅을 했다. 몇 개월간 방송 테스트를 거친 뒤 ABC와 출연 계약을 맺었고, 위성라디오방송사 시리우스와는 청취자 전화 참여 프로그램의 출연 계약을 맺었다.

화려해 보이지만, 실상은 그렇지 않았다. 대부분의 TV방송 출연 계약은 출연료가 거의 없었고, 라디오방송 출연료는 그보다 더 형편없다는 사실을 알고 놀랐다. 현실에서 나는 뉴욕까지 왕복 운전을 하고, 뉴욕에 머물 때는 친구 집 소파에서 새우잠을 자며,

생계를 위해 라이프코칭을 부업으로 하고, 양육 부담을 덜기 위해 가족과 친구들에게 의존하면서 모든 일이 제대로 돌아가도록 무엇이든 다 하려는 세 아이의 엄마일 뿐이었다.

근근이 먹고사는 수준의 방송일을 한 지 몇 년 만에 큰 행운이 찾아왔다. FOX의 리얼리티쇼 진행자로 캐스팅 된 것이다. 나는 TV 스타가 되어 모든 경제적 문제를 마술처럼 해결할 수 있을 거라고 기대했다. 참 야무진 기대였다.

〈누군가는 잘려야 돼(Someone's Gotta Go, 위기에 처한 회사 CEO가 매주 카메라 앞에서 직원 가운데 누구를 해고할 것인지 발표하는 형식의 리얼리티 쇼 – 옮긴이)〉라는 프로그램을 몇 회 촬영했지만, 방송국에서 방영을 연기했다. 순식간에 나의 방송 경력은 막다른 골목에 다다랐다. 출연료는 촬영을 할 때만 받았다. 실직 상태나 다름없었고, 10개월 계약을 맺은 탓에 다른 방송국 일을 할 수도 없었다.

그때쯤 남편은 MBA를 마치고 가장 친한 친구와 보스턴에 얇은 크러스트를 내세운 피자 가게를 열었다. 처음에는 아주 순조로웠다. 첫 번째 매장은 대성공을 거뒀고, 남편의 피자 가게는 지역지에서 선정한 맛집에도 몇 차례 선정되었다. 이후 두 번째 매장을 열었고, 대형 식료품 체인점의 권유로 도매사업도 시작했다.

겉보기에 사업은 호황이었다. 하지만 재정적으로는 삐걱거리기 시작했다. 사업을 너무 빨리 확장했기 때문이다. 두 번째 매장은 실패했고 도매사업을 키우는 데는 자금이 더 많이 들어갔다. 상황이 급속도로 나빠졌다.

대부분의 자영업자들과 마찬가지로 우리 부부는 주택담보대출금과 노후자금을 사업에 쏟아 부었다. 하지만 뻔히 보는 앞에서 돈은 사라지고 있었다. 예금 잔고는 바닥이었고, 주택담보대출 한도도 더 이상 남아 있지 않았다. 남편이 몇 주씩 급여도 받지 못하는 일이 벌어졌다. 주택 저당의 여파도 함께 찾아왔다.

나도 사실상 실직 상태에다가 남편의 사업도 크게 흔들리면서 경제적 압박이 커졌다. 변호사들의 경고 서한이 거의 매일 왔던 것 같고, 수표는 계속 부도가 났다. 수금 독촉 전화가 빗발치는 바람에 전화선을 빼놓았다. 친정아버지가 주택담보대출금을 갚으라고 돈을 보내주셨을 때 감사하면서도 죄송한 마음이 들었다.

사람들 앞에서 우리 부부는 체면을 지키려고 애썼다. 많은 친구들과 가족들이 우리 사업에 투자를 했기 때문이다. 하지만 압박감만 커졌다. 남편과 사업 파트너는 비용을 아끼려고 24시간 내

내 일했다. 나 역시 겉으로는 쾌활한 모습을 보이려 했지만, 마음속으로는 당황스럽고, 두렵고, 감당이 되지 않았다. 경제적인 문제 때문에 부부 사이가 소원해졌다. 나는 남편의 레스토랑사업을 탓했고, 남편은 방송 경력만 쌓으려 한다며 나를 원망했다.

사실 우리 부부 모두의 책임이었다.

삶이 이미 엉망이라고 해도, 더 형편없는 상황으로 몰아갈 수 있다. 바로 내가 그랬다. 나는 술을 많이 마셨다. 지나칠 정도로 마셨다. 일하지 않아도 되는 친구들을 부러워했다. 꼬치꼬치 따지고 까칠하게 굴었다. 문제가 너무 커져서 내가 할 수 있는 일은 없다고 믿어버렸다. 하지만 사람들 앞에서는 모든 것이 괜찮은 척했다.

지나고 나서 보니, 거울을 보고 제정신을 차리는 일보다 내 신세를 한탄하고 남편과 남편의 사업을 비난하는 편이 훨씬 쉽다고 생각했던 것 같다. 당시 내 기분을 설명한다면, 덫에 걸린 것 같다는 표현이 가장 잘 맞았다. 내 인생과 내가 한 결정 때문에 덫에 걸린 기분이었다. 돈 문제 때문에, 나 자신과의 짜증 나는 싸움 때문에 덫에 걸린 것 같았다.

상황을 개선하기 위해 내가 해야 할 일을 알았지만, 몸이 말을 듣지 않았다. 제시간에 일어나기, 남편 다정하게 대하기, 친구들 도움 받기, 술 줄이기, 건강 챙기기 같은 사소한 일들이었다. 하지만 무엇을 해야 하는지 아는 것만으로는 변할 수 없다.

운동을 할까 생각했지만, 하지 않았다. 친구에게 전화로 속마음을 털어놓을까 생각했지만, 그러지 않았다. 방송이 아닌 다른 분야에서 일자리를 찾는다면 도움이 된다는 것을 알았지만, 의욕이 나지 않았다. 내 자신이 실패자처럼 느껴졌기 때문에 라이프코칭 일을 다시 시작하는 것도 마음이 편하지 않았다.

해야 할 일은 알았지만, 행동에 옮길 수 없었다.

변화가 어려운 것은 그 때문이다. 변화하려면 어렵고 두려운 일을 해야 한다. 변화하려면 용기와 자신감이 필요하지만, 나에게는 두 가지 모두 부족했다.

내가 한 일이란 고작 생각을 하면서 시간을 보낸 것이다. 생각 때문에 모든 것이 더 나빠졌다. 내가 처한 상황을 생각할수록 두려워졌다. 문제에 집중할 때 우리 머릿속에서 벌어지는 일이다. 이것들은 문제를 더욱 심각하게 만든다. 걱정을 할수록 확신이 없어지고 엄두가 나지 않았다. 생각을 할수록 무력해지는 것 같았다.

무덤덤해지려고 매일 밤 술을 마셨다. 취하거나 술기운이 알

딸딸하게 오른 상태로 힘겹게 침대에 올라가 눈을 감고 다른 인생을 꿈꿨다. 꿈속에서는 일을 할 필요가 없었고, 모든 문제가 마법처럼 사라져버렸다. 잠에서 깨는 순간 현실을 마주해야 했다. 내 인생은 악몽 같았다. 마흔한 살에, 실직 상태였고, 경제적 파탄에 이르렀으며, 알코올 문제로 고생 중이었다. 우리 부부가 과연 이 문제를 해결할 수 있을지 확신이 들지 않았다.

매일 아침 알람시계와 싸웠다. 알람이 울릴 때마다 타이머 버튼을 두 번 세 번 눌러댔다. 하루 중 유일하게 내 마음대로 할 수 있는 행동이었다. 나는 알람에 반항했다. 마치 이렇게 말하는 것 같았다.

"오 그래?! 이러면 어쩔 건데, 망할 놈의 인생 같으니라고! 지금 당장 일어나지 않고, 다시 잘 거야. 그러니 그만 울려!"

겨우 일어났을 무렵에는 남편은 이미 피자 가게로 출근했고, 아이들은 각자 옷을 입었다. (하지만 스쿨버스는 이미 떠난 뒤였다.) 매일 아침이 대혼란이라고 말하는 것은 점잖은 표현이다. 열차 전복 사고가 벌어진 것처럼 엉망진창이었다. 항상 지각이었다. 아이들을 데리고 서둘러 나가느라 도시락, 책가방, 체육복, 알림장 같은 건 빼먹기 일쑤였다. 날마다 수많은 실수를 저지르는 일이 수치스러웠고, 그런 수치스러움 때문에 신경이 더욱 곤두섰다.

문제는 하루를 제대로 시작하려면 무엇을 해야 할지 나 스스로 잘 알고 있었다는 것이다. 제시간에 일어나서 아침식사를 준비하고, 아이들을 스쿨버스에 태워야 했다. 그리고 일자리를 찾아야 했다. 에베레스트 등정 수준의 일이 아니었다. 하지만 쉬운 일이라서 오히려 더 어렵게 느껴졌다. 쉬운 일을 끝내지 못하는 합당한 이유가 없었기 때문이다.

내 자신감은 죽음의 소용돌이에 빠졌다. 제시간에 일어나지도 못하는데, 경제 문제나 부부 문제 같은 더 큰 문제를 해결할 수 있을까? 나는 스스로를 믿을 수 없었다. 되돌아보면 당시 나는 희망을 잃어가고 있었다.

아주 사소한 일들이 정말 어렵다고 생각한 적이 있는가? 평범한 사람들의 다양한 이야기를 들어보고는 나만 그런 게 아니라는 것을 알았다. 누구에게나 하기 힘든 일의 목록은 깜짝 놀랄 정도로 비슷비슷하다.

회의에서 의견 말하기	동창회 나가기
긍정적인 태도 유지하기	SNS에서 전 연인 차단하기
결정하기	호감이 가는 사람에게 말 걸기
시간적인 여유 갖기	클럽 플로어에 나가기
피드백 요청하기	업무 발표하기
손들기	스포츠센터에 가기
급여 인상 요구하기	적당히 먹기
의구심 떨쳐내기	'NO'라고 말하기
이력서 작성하기	도움 요청하기
이메일 '보내기' 버튼 누르기	상대방에 대한 경계 풀기
계획대로 하기	자신의 잘못 인정하기
집에서 나가기	상대방의 의견 듣기
자원해서 먼저 나서기	

내 경우에는 제시간에 일어나는 일이 힘들었다. 매일 밤 침대에 누워서 내일은 달라질 거라고 내 자신에게 약속했다. '내일부터 달라질 거야. 내일 아침부터 더 일찍 일어날 거야. 내일부터 달라진 태도로 조금 더 열심히 노력할 거야. 스포츠센터에 가고, 남편을 다정하게 대하고, 몸에 좋은 음식을 먹고, 술도 많이 마시지

않을 거야. 내일부터 나는 새로워질 거야!' 머릿속으로 이런 상상을 하며 마음 한가득 희망을 안고 알람시계를 새벽 6시에 맞춰 놓은 뒤 눈을 감았다.

그리고 다음 날 아침 똑같은 일이 반복되었다.
알람 소리가 울리면 새로워지고 싶은 마음이 들지 않았다. 예전의 내 모습이 느껴졌고, 예전의 나는 계속 자고 싶어 했다.
일어날 생각은 했지만, 곧이어 망설이다가 알람시계 쪽으로 몸을 돌려서 타이머 버튼을 눌렀다. 일어나지 말라고 나 자신을 설득하는 데는 5초면 충분했다.

잠자리에서 일어나지 못한 이유는 단순했다. 그러고 싶지 않았기 때문이다. 전문가들이 말하는 '습관의 고리'에 갇혀 있었다는 것을 나중에 알았다. 아침마다 타이머 버튼을 연이어 눌렀기 때문에 이 행동이 폐쇄 고리 패턴으로 내 뇌 속에 암호화되어버렸다.

그러던 어느 날 밤, 모든 것이 바뀌었다. TV를 끄고 자려던 참에 TV 광고에 눈길이 갔다. 화면에 로켓 발사 광경이 나왔고, 익숙한 마지막 5초 카운트다운이 들렸다. "5, 4, 3, 2, 1, 발사." 연기가 화면을 가득 채웠고, 우주왕복선이 날아올랐다.

나는 속으로 말했다. '그래, 저거야. 내일 아침 침대에서 나를 발사시키는 거야. 로켓처럼 말이지. 아주 빨리 움직여서 나를 설득할 시간조차 주지 않는 거야.' 그저 본능이었다. 쉽게 잊어버릴 수 있었던 본능이었다. 운이 좋게도 잊어버리지 않았을 뿐이다. 나는 본능에 따라 행동했다.

사실 나는 우리 가족의 문제를 해결하고 싶었다. 결혼생활을 파탄에 이르게 하고 싶지도 않았고, 최악의 엄마가 되고 싶지도 않았다. 경제적으로 안정되고 싶었다. 행복해지고 싶었다. 다시 자부심을 느끼고 싶었다.

나는 정말 바뀌고 싶었다. 단지 방법을 알지 못했을 뿐⋯.

이것이 내 이야기의 핵심이다. 로켓이 발사되는 것처럼 잠자리를 박차고 나오게 하려는 이 본능은 내면의 지혜가 하는 말에 따른 것이었다. 이 내면의 소리를 들었던 것이 전환점이었다. 내면의 지혜가 시키는 대로 따랐더니 인생이 바뀔 만한 변화가 나타났다. 뇌와 몸은 잠에서 깨어 정신을 차리라는 신호를 보낸다. 가령 로켓처럼 잠자리에서 박차고 나오라고 한다. 그 순간 자신의 본능이 어처구니없게 느껴질 수 있지만, 의도적인 행동을 통해 본능을 존중하면 삶이 바뀔 수 있다.

본능에 따라 행동하는 것은 단순히 직감을 믿으라는 말보다 더 중요한 의미를 가지고 있다. 애리조나대학교가 코넬대학교, 듀크대학교와 공동실시한 최신 연구에서 인간의 뇌와 행동 본능 사이에는 강력한 연관관계가 있다고 밝혀졌다. 우리가 목표를 세우면 뇌에서 과제 목록을 만든다. 목표 달성에 도움이 되는 상황에 가까워질 때마다 뇌는 본능을 자극해서 목표를 완수하라고 신호를 보낸다.

한 가지 예를 들어보자. 건강해지는 목표를 세웠다고 생각해보자. 거실로 걸어 들어가면 아무 일도 일어나지 않는다. 하지만 스포츠센터를 지나치면 전전두엽 피질(prefrontal cortex, 부적절한 행동을 억제하고 결정을 내리는 기능을 하는 전두엽 부위 - 옮긴이)이 자극된다. 건강해지는 목표와 관련된 것에 근접했기 때문이다. 스포츠센터를 지나치면 운동을 해야 한다는 생각이 든다. 목표를 상기시키는 본능이고, 내면의 지혜다. 아무리 하찮거나 우스워 보여도 이런 본능에 주의를 기울이는 것이 중요하다.

나의 뇌는 무의식적으로 TV 화면 속 로켓 발사 장면에 집중하라는 신호를 보내고 있었다. 마지막 카운트다운 5초 동안 뇌에서 아주 분명한 지시를 보내고 있었다. '멜, 저 로켓 발사에 주목해. 이 아이디어를 놓치지 말라고. 믿고 행동에 옮겨. 멈춰서 생각하지 마. 설득에 넘어가지 마. 내일 아침에는 로켓처럼 침대를 박차고 나오는 거야.'

5초의 법칙을 활용하면서 내가 배운 것 중 하나는 목표나 꿈, 삶의 변화와 관련해서 내면의 지혜는 모든 것을 알고 있다는 사실이다. 목표와 연관된 일시적인 감정, 충동, 본능은 길잡이가 되기 때문에 자신의 감정, 충동, 본능을 믿는 법을 배워야 한다. 역사에서 입증된 것처럼, 뛰어난 영감이 언제 떠오를지, 스스로를 믿고 영감에 따라 행동한다면 과연 어떤 일이 벌어질지 알 수 없기 때문이다.

세계에서 가장 유용한 몇몇 발명품들도 그렇게 등장했다. 1826년 존 워커는 나무막대를 이용해서 화학물질이 담긴 단지를 젓다가 성냥을 발명했다. 막대 끝에 달라붙은 덩어리를 떼어내려고 하다가 그만 불이 붙고만 것인데, 그는 다시 만들어보려는 본능에 따랐고, 성냥을 발명했다.

1941년 조르주 드 메스트랄은 자신의 사냥개 털에 엉겅퀴 씨

앗이 아주 쉽게 들러붙는 것에 착안해서 흔히 '찍찍이'라고 부르는 벨크로를 발명했다. 1974년 3M의 연구원 아트 프라이는 떼어냈을 때 책장에 손상을 주지 않으면서 일요일 예배 전까지 찬송가에 붙여놓을 북마크가 필요했고, 거기서 '포스트잇'의 아이디어를 얻었다.

프라푸치노가 탄생한 것도 마찬가지였다. 1992년 미국 산타모니카의 한 스타벅스 매장 부매니저는 날이 무더울 때마다 매출이 떨어진다는 점에 주목했다. 부매니저는 본능적으로 냉동 음료를 만들어야겠다고 생각했고, 블렌더를 가져다가 레시피를 살짝 바꿔서 만든 시음 음료를 부회장에게 내놓았다. 1년 뒤 이 매장에서 첫 번째 프라푸치노 음료가 출시되었다.

변화, 목표, 꿈에 관해서라면 자기 자신을 믿어야 한다. 변화하려는 본능의 목소리에 귀를 기울이고 본능을 행동으로 옮기는 과정을 소중히 여기는 것부터 믿음은 시작된다. 로켓처럼 잠자리를 박차고 일어나겠다는 바보 같은 생각에 귀를 기울였다는 것이 고마울 따름이다. 그 결과 내 삶의 모든 것이 바뀌었기 때문이다.

다음 날 일어난 일이다.

아침 6시 알람이 울리자 가장 먼저 든 기분은 두려움이었다. 보스턴의 겨울은 어둡고 추웠다. 나는 일어나고 싶지 않았다. 로켓 발사 장면을 생각했지만, 바로 바보 같다는 기분이 들었다.

그런 다음 전에는 해본 적이 없는 일을 했다. 내 기분은 무시했다. 생각을 하지 않았다. 해야 하는 일을 했다. 알람시계의 타이머 버튼을 누르는 대신 나는 숫자를 세기 시작했다.

그것도 거꾸로.

5, 4, 3, 2, 1

그런 다음 잠자리에서 일어났다.
바로 그 순간, 나는 5초의 법칙을 발견했다.

5초의 법칙

목표에 따라
행동하고 싶은
본능이 생기는 순간
5-4-3-2-1-
숫자를 거꾸로 세고
몸을 움직여야 한다.
그렇지 않으면
우리 뇌는
방해를 시작한다.

3장
5초의 법칙이 바꾸는 것들

중요한 것은 누군가 태어나는 게 아니라
어떤 사람으로 성장하는가이다.
—J. K. 롤링

그날 아침(처음으로 5초의 법칙을 이용했을 때다), 이렇게 어설픈 법칙이 효과가 있다는 사실에 나 역시 놀랐다. '숫자를 거꾸로 셌을 뿐인데? 5, 4, 3, 2, 1… 정말 이렇게 하면 된다고?' 이 방식이 왜 효과가 있는지 도무지 알 수 없었다. 그저 효과가 있다고만 알았다. 제시간에 일어나려고 몇 개월을 노력했는데, 느닷없이 5초의 법칙 덕분에 행동을 바꾸는 일이 간단해졌다.

나중에서야 숫자를 거꾸로 세면 우리 머릿속에서 일종의 기어 변속 현상이 일어난다는 것을 알았다. 상투적인 사고방식에 따르는 관성적 사고를 방해하고 심리학자들이 말하는 '자기 제어'를 실행한다. 숫자를 세는 동안 우리의 뇌는 변명 찾기에서 관심을 돌려 새로운 방향으로 움직이는 데 집중하게 된다. 생각하려고 동작을 멈추는 대신 몸을 움직일 때 생리적인 변화가 일어나고, 머릿속에서도 이런 변화에 동조하게 된다.

이 책을 쓰기 위해 자료 조사를 하면서 5초의 법칙이 습관 연구 용어로 '시작 의식'이라는 것을 알았다. 시작 의식은 전전두엽 피질을 활성화해서 행동 변화를 돕는 과정이다. 전전두엽 피질은 우리가 집중하거나 의도된 행동을 취할 때 활성화되는 뇌 부위로, 기저핵(basal ganglia, 대뇌반구에서 뇌간에 걸쳐 존재하는 회백질성 신경핵군 – 옮긴이), 습관 고리, 활성화에너지, 가동성, 인지 편향, 신경가소성, 전진 원리, 통제 위치 등에 영향을 준다. 이 어려운 용어들과 관련이 있는 유일한 법칙을 발견했으리라고는 생각지도 못했다.

다음 날 아침, 다시 5초의 법칙을 이용했다. 역시 효과가 있었다. 재미있는 일도 일어났다. 제시간에 일어나기 위해 애썼던 것처럼, 5초 안에 결정되는 순간을 하루 종일 찾아보기 시작했다. 해야 한다고 알고 있는 일을 생각하느라 행동을 멈추면 마음이 바뀌었다. 머릿속에 온갖 변명거리가 마구 떠올라서 뇌에서 멈추라는 신호를 보내는 데는 5초도 채 걸리지 않았다.

5초의 법칙을 직접 이용한다면 누구나 경험할 수 있는 일이다. 행동하려는 본능이 생기는 순간과 뇌에서 행동을 막는 순간 사이에는 5초의 간격이 있다. 이 5초의 간격을 경험한 이후 나의 모든 것이 바뀌었다. 문제는 아주 분명했다. 바로 나 자신이었다. 한 번에 5초씩 내 자신을 방해하고 있었다.

그래서 나 자신과 간단한 약속을 했다. 내가 할 일이 나를 더 좋은 방향으로 바꿀 수 있다면 내 기분에 상관없이 5초의 법칙을 이용해서 나 자신을 밀어붙이기로 했다. 아침에 일찍 일어날 때만이 아니라 스포츠센터에 가고, 직장을 구하고, 술을 줄이고, 더 좋은 부모와 아내가 되는 데도 이 법칙을 이용하기 시작했다.

운동을 해야 하는데 피곤하다는 생각 때문에 운동을 하기 싫어졌을 때, '5, 4, 3, 2, 1' 숫자를 거꾸로 센 다음 달리기를 하라고 문 밖으로 나를 밀어냈다.

술을 마시지 않아야 하는데 이미 술잔에 술을 따르고 있을 때, '5, 4, 3, 2, 1' 숫자를 거꾸로 센 다음 술병을 내려놓고 자리를 떴다.

남편에게 까칠한 모습을 보이고 있을 때, '5, 4, 3, 2, 1' 숫자를 거꾸로 센 다음 말투를 고치고 다정한 태도를 취했다.

차일피일 미루는 모습을 발견했을 때, '5, 4, 3, 2, 1' 숫자를 거꾸로 센 다음 자리에 앉아서 이력서를 작성하기 시작했다.

스스로를 밀어붙여 간단한 행동을 실행하면 자신감과 생산성이 높아지는 연쇄반응이 일어난다. 삶을 개선하는 소소한 행동을 시작하도록 스스로를 밀어붙이면서 추진력이 생기고, (정확히 설명하기 어려운) 힘과 자유로움을 느낀다.

레이첼은 제시간에 일어나는 간단한 일이 연쇄반응을 일으켜서 다이어트에 성공하고, 처음으로 집을 구입하고, 결혼생활에 새로운 활기가 넘치는 경험으로 이어졌다.

🐦 이제껏 서로 만난 적도 없지만, 멜 덕분에 내 인생이 바뀌었답니다. 몇 달 전 당신의 TED 강연을 본 이후 몸무게를 약 14킬로그램 줄였고, 처음으로 집을 샀고, 결혼생활에 새로운 활기가 넘치고 있어요. 이메일을 수도 없이 받을 테니 과연 이 메시지를 확인할지 모르겠지만, 30분 일찍 일어나는 간단한 도전을 알려줘서 고맙다는 말을 전합니다. 그 간단한 도전 하나에서 다른 일들이 연쇄반응처럼 일어나서 내 삶이 완전히 달라졌어요.

레이첼은 새로운 활기가 넘친다는 표현을 썼다. 이 법칙의 효과를 정확히 지적한 셈이다. 그녀는 5초의 법칙에 따라 5부터 1까지 거꾸로 숫자를 센 다음, 사소한 일이라도 행동에 옮기려고 스스로를 밀어붙여서 마음의 감옥에서 벗어나고 있다. 드디어 결정 장애의 덫에서 빠져나와 47년 만에 처음으로 자유를 느꼈다.

이런 반응은 1954년 미국의 심리학자 줄리안 로터가 제시한 '통제 위치 locus of control'라는 개념으로 설명 가능하다. 로터는 자신의 삶이나 행동, 미래를 스스로 통제한다고 믿을수록 더 행복하고 성공한다고 주장했다.

삶을 스스로 통제하고 있다는 느낌을 강화하는 것이 바로 '행동 편향'이다. 동기부여는 잊어버리자. 근거 없는 믿음일 뿐이다. 변화하려면 행동하고 싶은 마음이 간절히 들거나 의욕이 생겨야 한다는 사고방식을 언제부터 받아들였는지 모르겠지만, 완전히 말도 안 되는 이야기다. 스스로 나서야 하는 순간이 된다고 의욕이 생기는 것은 아니다. 오히려 전혀 하고 싶지 않은 기분이 들 것이다. 삶을 더 나은 방향으로 바꾸고 싶다면 자리에서 일어나서 스스로 등을 떠밀어야 한다.

나는 이것을 '밀어붙이는 힘'이라고 부른다.

5초의 법칙은 스스로를 밀어붙이는 데 대단히 효과적이다. 지나치게 생각에 빠지는 사람이라면, 5초의 법칙을 통해 생각을 멈추고 실제로 행동하게 만드는 에너지와 자신감을 얻을 수 있다. 행동 편향적인 사람이 되는 것이다. 그저 '5, 4, 3, 2, 1' 숫자를 거꾸로 세면 된다. 운명을 스스로 통제할 수 있다는 믿음과 능력이 강해지도록 자신을 밀어붙여보라.

제니의 이야기를 들어보자. 그녀는 마침내 건강관리를 시작했다. 라비올리 통조림, 감자칩 한 봉지, 소다수로 한 끼 식사를 하면서 과체중이라고 불평하는 일은 체중을 줄이려는 노력을 스스로 방해하는 것임을 깨닫고 '5, 4, 3, 2, 1' 숫자를 세며 건강을 챙기겠다고 다짐했다. 5초의 법칙을 이용해서 자신에게 필요한 '등 떠미는 힘'을 얻은 것이다.

🐦 이미 오늘 아침부터 시작했어요! 아침에 알람시계가 울리자 타이머 버튼을 껐어요. 그런 다음 "5-4-3-2-1-기상!" 이렇게 외치고 잠자리에서 일어났지요.

출근길에 점심에 먹을 걸 사러 마트에 가야 했어요. 주로 라비올리 통조림, 감자칩 한 봉지, 소다수를 사면서도 과체중이라고 불평했어요. 마트에 들어가기 직전 "5, 4, 3, 2, 1, 건강한 음식"이라고 다짐을 한 다음 샌드위치와 생수 한 병을 사서 나왔어요.

몸무게를 40~45킬로그램 정도로 줄여야 하는데, 오늘부터 시작합니다. 다음달 1일, 이달 말일, 월요일, 금요일처럼 특정한 날짜를 정해놓고 그날이 오기를 기다리지 않을 거예요. 바로 오늘부터 시작입니다. 등 떠미는 방법을 알려주셔서 고맙습니다.

뉴올리언스에서 열리는 아베다 인스티튜트 총회 실무 교육 모임에 참석하기 위해 많은 것을 희생했던 도나 또한 완전히 다른 삶을 살게 되었다. 바로 선택과 결심 덕분이다. 경력의 갈림길에 서 있던 그녀는 5초의 법칙을 듣고 작은 결심을 했다. 인생이 완전히 바뀔 거란 기대를 한 게 아니었다. 그저 일상의 소소한 일을 하는 데 이 법칙을 활용한 것이다.

맨 처음 내 생각도 그랬다. 알람시계 끄는 습관을 고치기 위해 5초의 법칙을 이용했을 뿐이다. 그런데 내 생각은 틀렸고, 도나도 마찬가지였다.

가령 아침에 잠에서 깼지만 침대에서 나가기 싫을 때, 그녀는 '5, 4, 3, 2, 1' 숫자를 거꾸로 센 다음 바로 침대에서 나와 하루를 시작했다. 그러고 나자 자신도 모르게 이 법칙을 이용하는 게 습관처럼 되어버렸고, 있는지조차 몰랐던 자신감이 샘솟는 것이 느껴졌다고 한다.

🕊 사장님이 매장 멘토를 맡아달라고 했다. 이제 막 매장에 배정된 신입직원 가운데 한 명일 뿐인데 팀원들에게 신제품 교육을 하는 기회를 얻은 것이다. '5, 4, 3, 2, 1, 시작.' 자신감을 갖고 교육을 시작했다.

🕊 아베다의 교육 강사가 되고 싶어서 강의 기회를 기다리는 대신 직접 기회를 만들었다. 사장님에게 면담을 요청해서 물어봤다. 지금은 강의를 하기 위한 준비 과정을 밟으면서 꿈을 실현해가고 있다. '5, 4, 3, 2, 1, 도전!' 인생에서 원하는 것이 있다면 요청하는 것을 두려워하지 말자.

🕊 '꿈을 갖자'라는 주제로 열린 한 아베다 총회에 참가했을 때였다. 청중 속에 앉아 있다가 무대조명 때문에 손 그늘을 만들었는데, 강연자들은 내가 자원해서 무대 위로 올라가 말하겠다고 생각한 모양이었다.

무대 위 마이크 앞에 섰을 때 순간 공황 상태에 빠졌다. '5, 4, 3, 2, 1,

도전!' 용감해지자. 생각지도 못한 기회가 우연히 찾아왔을 때 절대 'NO'라고 하지 말자.

🐦 '5-4-3-2-1-시작!' 어떤 일을 맞닥뜨려도 5부터 1까지 숫자를 거꾸로 세고 그냥 시작한다. 삶의 절벽 끝에서 과감하게 행동한 덕분에 내 직장 경력에 거대한 반전이 일어났다.
물론 처음에는 발을 헛디뎌 떨어질 것 같았고, 누구든 날 좀 도와달라고 기도했다. 하지만 더 과감하게 한 발 내딛고, 주어진 기회를 거부하지 않고 기꺼이 받아들일수록 자신감이 커졌다. 내 미래는 긍정적이었다.
내 발목을 잡고 있던 것은 나였다. 두려움 때문에 얼마나 지독하게 나 자신을 현재의 처지에 묶어놓았는지 알고는 놀랐다. 더 중요한 점은 앞으로 몇 년 후 내 모습에도 영향을 미친다는 것이다. 시작하자! 도전하자! '5, 4, 3, 2, 1' 숫자를 세고 'YES'라고 외치자.

도나가 깨달은 것처럼, 우리를 가로막는 것은 다름 아닌 우리 자신이다. 두려움 때문에 얼마나 지독하게 자신을 현재의 처지에 묶어놓았는지 알면 말문이 막힌다. 더 중요한 점은 미래의 모습에도 영향을 끼친다는 것이다.

무언가 의심하려거든
자신의 한계를 의심하라

5초의 법칙의 또 다른 효과는 자신이 오랫동안 인생을 몽유병에 걸린 사람처럼 살아왔다는 사실을 깨닫게 해준다는 것이다. 그래서 이 법칙에 익숙해진 사람은 용기와 자신감, 자존감, 자기 통제감으로 충만함을 느끼게 된다.

5초의 법칙에 대해 처음 말한 상대는 남편 크리스였다. 크리스는 내 변화를 분명히 감지했다. 까칠한 태도를 누그러뜨리고, 상황을 주도하는 모습을 보았기 때문이다. 나에게 정신적인 '비밀 무기'가 있다고 납득시키는 일은 그리 어렵지 않았다.

크리스는 5초의 법칙을 받아들였고, 몇 가지 중요한 변화를 이루는 데 이용했다. 술을 끊었고, 매일 명상을 했고, 아침마다 운동을 했다. 5초의 법칙을 사용한다고 이런 사소한 일들이 쉬워지는 것은 아니다. 하지만 실제로 행동에 옮길 수 있게 한다.

그래서 이 법칙은 일종의 도구다.

채권자들의 전화와 파산 통지서를 피하는 대신 우리 부부는 '5, 4, 3, 2, 1' 숫자를 거꾸로 세고는 상황을 있는 그대로 받아들였다. 신규 고객을 소개받기 위해 5초의 법칙을 이용해서 스스로를 다그쳤고, 예전 라이프코칭사업 고객들에게 연락을 시작했다. FOX와의 계약 문제가 있었지만, 라디오 진행 출연 계약을 맺기 위해 5초 카운트다운을 한 뒤 머뭇거리지 않고 인터뷰에 나갔다. 우리는 채무를 조정하고, 우리가 만든 곤경에서 벗어나기 위해 끔찍하게 하기 싫은 일을 처리하려고 서로를 다독이며 회계사와 재무상담가를 만났고, 경제적 난관에서 벗어나기 위한 훈련을 받았다.

크리스는 두려움, 죄책감, 불안감을 이겨내기 위해 5초의 법칙을 사업에도 이용했다. 그는 사업 파트너와 함께 여러 분야의 자문가를 만났고, 재무구조를 분석했고, 도매사업이 정리될 때까지 밤낮으로 일했으며, 소매 매장을 키운 다음 엄선된 매장을 매각해서 되도록 많은 투자자와 채권자들에게 투자금을 상환했다.

우리 두 사람은 정말 놀라운 일을 해냈다. 근성, 끈기, 책임감을 보여줬다. 스스로를 최대한 밀어붙였다.

지금까지도 남편은 피자 가게를 운영하던 시절을 회상할 때면 종종 실패자가 된 것 같은 기분이 든다고 한다. 그런 부정적인 생각에 사로잡힐 때면 '5, 4, 3, 2, 1' 숫자를 거꾸로 세면서 자신이 이룬 것을 생각하려고 노력한다. 일곱 곳의 가게, 훌륭한 직원 문화, 수백만 달러의 매출, 주목할 만한 브랜드 육성 등….

결국 남편의 꿈은 그렇게 끝났던 걸까? 그렇지 않았다. 그 과정에서 남편이 사업 운영과 파트너십, 자기 자신에 대해 배운 것은 돈으로 살 수 없는 그 이상의 가치가 있다. 뚜벅뚜벅 발걸음을 계속 앞으로 옮기고, 삶의 어려움을 정면으로 마주하고, 더 나은 방향으로 변하기 위해 스스로를 다그칠 때 얻는 자신감과 자부심보다 더 강력한 힘은 없다. 남편은 이렇게 말했다.

"5초의 법칙은 수많은 단계에서 성공과 실패의 경험을 받아들이는 데 도움이 됐어요. 궁극적으로는 이런 깨달음을 통해 나의 긍정적인 생각과 부정적인 생각을 통제하는 힘을 얻었고요."

우리 부부가 다시 친구들과 연락을 시작하면서 5초의 법칙이 종종 이야깃거리로 등장했다. (누구나 경험하게 될 일이다.) 5초의 법칙은 이 법칙을 시도하는 모든 사람에게 강력한 자극제가 된다. 용기를 내어 이혼을 요구한 친구도 있었고, 출장을 가지 않아도 되는 직장을 구하기 위해 컨설팅 업무를 그만둔 친구도 있었다. 직장 동료 한 명은 30킬로그램 넘게 감량했고, 친척 아저씨는 말로만 해오던 금연을 마침내 실행에 옮겼다. 남편 친구 한 명은 메인 주로 다시 이사를 가서는 5초의 법칙을 이용해서 멀리서도 일을 멋지게 성사시켰다.

5초의 법칙은 이들에게 내가 얻은 모든 것을 주었다. 시스템, 용기 그리고 변화를 위해 스스로를 밀어붙이는 방법 말이다.

내가 맨 처음 5초의 법칙을 공개적으로 소개한 때는 2011년 '자신을 속이지 않기How to Stop Screwing Yourself Over'라는 주제로 한 TED 강연에서였다. 재미있는 것은 강연 내용의 대부분이 최고의 라디오 토크쇼 진행자가 되고 싶은 당시 내 꿈 이야기와 어떻게 내가 사람들이 진정 원하는 삶을 살도록 돕고 있는지에 관한 이야기였다는 점이다.

강연 맨 마지막에 5초의 법칙을 언급했을 뿐이고, 설명도 거의 하지 않았다. 그런데 신기한 일이 벌어졌다. 이 TED 강연이 입소문을 탔다! 1,000만 명이 넘는 사람들이 인터넷으로 강연 동영상을 봤다. 거기서 끝이 아니었다. 사람들이 사연을 보내기 시작했다.

전 세계에서 5초의 법칙을 이용하는 사람들의 이야기를 하루도 빠짐없이 전해 듣고 있다. 마크도 그중 한명이다. 마크는 불과

6개월 만에 정말 놀라운 변화를 이뤄냈다.

🕊 당신의 격려 덕분에 지난 6개월 동안 정말 많은 일을 하고 있습니다. 2년 만에 사업 규모가 두 배로 커질 기세이고, 영업에 관한 책을 한 권 쓰고 100일 뒤 다른 분야의 책을 한 권 더 썼습니다. 이상형을 만나 데이트를 하고 있으며, 아이들과 전보다 훨씬 가까워졌고, 전 세계를 탐험하는 계획도 세웠습니다.

내게 일어난 가장 멋진 일은 지금까지 전 세계 80개국 이상에서 10만 명이 넘는 사람들이 5초의 법칙을 이용한 각자의 경험담을 전해왔다는 점이다. 나는 그들에게 더 많은 것을 보여주고 싶었고, 그들은 더 많은 질문을 보내왔다. 나는 5초의 법칙을 더 완벽하게 만들기 위해 내 변호사 경험을 살려 수많은 사례를 연구했고, 결국 증거를 찾아냈다.

이 증거를 찾기까지 거의 3년이 걸렸다. 변화, 행복, 습관, 동기부여, 인간 행동에 관해 내가 찾은 모든 자료를 읽었다. 사회과학 실험, 행복에 관한 연구 자료, 두뇌 관련 서적, 신경학 연구 자료도 빼놓지 않았다.

전문가들의 의견에만 국한해서 연구를 진행하지도 않았다.

5초의 법칙을 이용하는 평범한 사람들에게 질문지를 보냈다. 전화, 화상통화, 메신저를 통해 변화를 선택해야 하는 순간 사람들이 겪는 단계적인 경험을 살펴봤다.

이런 변화의 순간을 분석하면서 우리 의식구조의 근본적인 특징을 찾아냈다. 사람들은 어렵거나, 무섭거나, 불확실한 일을 하기 직전에 망설인다. 망설임은 결국 파멸을 가져오는 죽음의 키스다. 단지 10억분의 1초를 망설였다고 해도 파멸은 시작된다.

단 한 번의 사소한 망설임조차 스스로를 막도록 고안된 심리 체계를 자극한다. 그렇게 되면, 이미 짐작했겠지만, 5초도 되지 않아 일이 벌어진다.

두려움과 의구심이 얼마나 빨리 머릿속에 자리 잡고, 말하지 못하거나 행동하지 못한 이유를 두고 변명거리를 만들어내는지 의식한 적이 있는가? 매일 아주 사소하고 일상적인 순간에 사람들은 망설이고, 그 망설임은 모든 일에 영향을 미친다. 키스의 경험을 들어보자.

🕊 멜 로빈스라는 이름은 2015년 처음 들었지만, 직접 만난 것은 2016년 2월 라스베이거스에서 있었던 행사였습니다. 엄청난 일을

할 수 있을 거라며 나에게 힘을 줬지요. 내 방식에서 벗어나야 했습니다. 18개월 뒤 아칸소에서 사무실 세 곳을 열고 50명이 넘는 직원을 채용하는 믿기 힘든 성공을 이뤘습니다.

나는 더 이상 머뭇거리거나 꾸물거리지 않습니다. 행동으로 옮기면 목표에 다가서는 데 도움이 되니까요. 부담스러운 일은 스스로 감당할 수 있을 정도로 바뀌지요. 가장 어려운 건 시작하는 것입니다. 당신의 이야기를 해주고 우리 모두가 최고의 모습이 될 수 있도록 용기를 준 점 감사드립니다.

삶을 결정하는 것은 큰일이 아니다. 아주 사소한 일이다. 그런데 망설이는 그 찰나의 시간 동안 우리는 사소한 일들을 행동에 옮기지 않겠다는 결정을 내린다. 그리고 시간이 갈수록 그런 사소한 일들은 점점 늘어난다.

불행은 여기서 끝이 아니다. 주저하고, 걱정하고, 스스로를 의심하는 이런 패턴을 수없이 반복하면서 이런 행동은 뇌 속에 습관으로 각인된다.

놀랍게도, 망설이는 습관을 고치고 행동하는 용기를 얻는다면 삶은 엄청난 속도로 변화하게 된다. 그리고 우리가 만날 5초의 법칙은 부정적 습관을 대체하거나 버리는 데 강력한 효과를 발휘한다. 이 책에서 다루는 습관 고리, 시작 의식, 활성화 에너지, 결정을 내릴 때 감정의 역할에 대해 읽어본다면 이 법칙이 왜 중요한지 이해가 될 것이다. 또한 5초 안에 내리는 결정이 어떻게 변화를 이끌어내며, 얼마나 쉽게 통제력을 되찾아주는지 알게 될 것이다.

5초의 법칙은 언제나 효과적이다. 하지만 이는 일종의 도구라는 점을 잊어서는 안 된다. 결국 선택하는 건 우리고, 다시 5초간 멈추게 되면 두려움과 불확실성은 금세 머릿속으로 침투한다. 그리고 현명한 결정을 방해한다. 그렇다고 한 번 실수로 스스로를 책망할 필요도 없다.

우리 삶에는 더 많은 5초가 남아 있다.

아마도 이 책을 읽는 당신은 자신을 쫓아다니며 괴롭혔던 두려움, 불안, 습관, 감정, 변명거리를 몇 년 동안이나 마주했을 것이다. 그리고 매일 자신이 겪은 어처구니없는 상황을 돌이켜보며 상황이 바뀌기를 기다리느라 소중한 시간을 무수히 흘려보냈다는 사실도 알게 될 것이다.

5초의 법칙은 무의미했던 시간들을 끝내줄 것이다. 그리고 결정을 내리며 느끼는 자유와 즐거움에 완전히 매료될 것이다.

단, 지속적으로 5초의 법칙을 활용해야 한다. 내면 깊은 곳에서부터의 변화가 느껴질 것이다. 인생을 바꿀 만한 자유. 바로 내가 얻은 것이다. 7년 전 내 모습은 사라져버렸다. (정말 다행스러운 일이다.)

삶의 단계마다 지금과는 다른 모습이 필요하다. 5초의 법칙을 이용하면 인생의 다음 단계에 어울리는 사람이 될 것이다. 이제 직접 5초의 법칙을 시도해볼 수 있도록 이 법칙의 기본원리를 살펴보도록 하자.

삶을 개선하기 위해
해야 할 일을 아는 데는
지혜가 필요하다.
해야 할 일을 하도록
자기 자신을
밀어붙이는 데는
용기가 필요하다.

#5초의_법칙

CHEER UP!

🐦 5초의 법칙 덕분에 내 인생이 나아지고 있습니다. 매일 시도 때도 없이 생각납니다. 바람직한 방식으로 말이지요. @대릴

🐦 2016년 네리움에서 강연 정말 즐겁게 들었어요. 이미 5초의 법칙을 여덟 살 아들에게 가르치고 있답니다. 내 삶이 더 나은 방향으로 바뀌기를 손꼽아 기다립니다. @크리스탈

🐦 #54321 #지금_당장_시작하자 #누군가의_치어리더가_되자 #영감 #두려움을_정복하자
병원 간호사에게 내슈빌 여행을 이야기하면서 멜 로빈스의 5초의 법칙을 알려줬다. 그녀는 충격을 받은 듯 자신도 바로 이용할 거라며 이렇게 말했다. "하루에 몇 번이나 이 법칙을 이용해야 하는지 모를 거예요." @제니퍼

4장
5초의 법칙 Q&A

> 용기를 선택하거나 편안함을 선택할 수는 있지만,
> 두 가지 모두를 가질 수는 없다.
> —브레네 브라운

강연이나 메일, SNS를 통해 수많은 사람들이 5초의 법칙에 관해 질문을 보내왔다. 그중 가장 많이 궁금해하는 몇 가지에 대한 답변으로 5초의 법칙 입문을 시작해보려 한다.

Q1. 5초의 법칙은 정확히 무엇인가?

5초의 법칙은 즉각적이며 지속적인 행동 변화를 유도하는 일종의 '상위 인지 도구'다. (참고로 상위 인지는 더 큰 목표를 달성하기 위해 머리를 짜내게 하는 모든 기법을 가리키는 심리학 용어다.)

Q2. 5초의 법칙은 어떻게 이용하는가?

5초의 법칙을 활용하는 방법은 간단하다. 목표나 결심에 따라 행동하고 싶은 본능이 타오르거나, 해야 한다고 알고 있지만 망설이게 될 때마다 이 법칙을 이용한다.

'5, 4, 3, 2, 1' 숫자 5부터 1까지 거꾸로 세기 시작한다. 숫자를 세는 일은 머릿속에 떠오르는 걱정, 생각, 두려움에서 주의를 돌려 자신의 목표나 결심에 집중하게 한다. '1'을 세고 나면 몸을 움직인다. 그러면 끝이다.

아주 간단하지만, 다시 한 번 이 과정을 강조하려고 한다. 해야 한다고 알고는 있지만 안심이 되지 않거나, 걱정이 되거나, 감당이 되지 않을 때면 숫자 5부터 1까지 거꾸로 세면서 자기통제력을 발휘하자. 숫자를 세는 동안 마음이 차분해질 것이다. 그렇게 숫자 '1'에 도달하면 몸을 움직인다. 숫자를 세는 것과 몸을 움직이는 것은 행동이다. 생각하느라 멈춰 있을 때 행동하는 법을 배움으로써 놀라운 변화를 이끌어낼 수 있다.

동시에 거꾸로 숫자를 세는 일은 몇 가지 중요한 역할을 한다. 걱정거리에서 관심을 돌리고 해야 하는 일에 집중하고 행동하도록 자극하고, 망설이고 지나치게 생각만 하고 주저하는 습관을 차단한다.

숫자를 '5, 4, 3, 2, 1' 거꾸로 세는 대신 '1, 2, 3, 4, 5' 순서대로

셌을 때도 효과가 있는지 궁금하다면 답은 'NO'이다. 효과가 없다. 트렌트의 이야기를 들어보자.

> 🕊 5초의 법칙과 관련해서 또 알아낸 것이 있어요. 1부터 5까지 순서대로 셌을 때는 효과가 없어요. 순서대로 숫자를 세는 경우, 6을 세고 싶은 마음이 들면서 행동이 지체되더군요. 5에서 1로 숫자를 거꾸로 세면 1 다음에 머릿속에는 '시작'이라는 단어가 떠오릅니다.
> 제 생각에, 숫자 '1'은 분명 행동을 유도합니다.

트렌트가 알아낸 것처럼, 오름차순으로 숫자를 세면 계속 셀 수 있다. 하지만 숫자를 내림차순으로 센다면 1 뒤에 더 이상 셀 숫자가 없으니 움직이라고 상기시키는 셈이다.

Q3. 왜 5초의 법칙이라고 부르는가?

많이 받는 질문이어서 더 흡족한 답변이 있으면 좋겠다고 생각한다. 처음 이 법칙을 사용했던 아침에 가장 먼저 떠오른 이름이었기 때문에 그렇게 불렀고, 그 이름이 굳어졌다. 기억하겠지만, 전날 밤 로켓 발사 장면을 보면서 아침에 로켓처럼 침대를 박차고 일어나겠다고 생각했다. 우주선을 발사할 때 NASA가 하는 것처럼 다음 날 나는 '5, 4, 3, 2, 1' 숫자를 거꾸로 셌다. 숫자 5부터 시작한 데는 특별한 이유가 없다. 그냥 5초면 적당한 시간이라고 느꼈기 때문이다.

세상에는 다른 '5초의 규칙'도 많이 있다는 것을 알게 되었다. 대표적인 게 바닥에 음식이 떨어져도 5초 안에 집어먹으면 괜찮다는 규칙이다. 내가 만든 법칙이 전 세계에 전파될 걸 알았다면 더 독창적인 이름을 생각해냈을 거다. 하지만 생각해보면 다른 모든 5초의 규칙에는 공통점이 있다. 5초라는 시간 내에 몸을 움직여야 한다는 점이다.

내가 만든 5초의 법칙에서도 가장 중요한 부분은 신체 움직임이다. 몸을 움직이면 생리적인 상태가 변하면서 생각이 몸을 따라간다. 그렇게 보면 적절할 뿐 아니라 실제 딱 맞는 이름일 수도 있다. 인생에서 다른 여러 가지 5초의 순간을 연상시키기 때문에 이 법칙이 훨씬 친숙하고 보편적이고 합당하게 느껴질 수 있다.

Q4. 'Just Do It'과 비슷해 보인다?

'Just Do It'과 5초의 법칙 간의 차이는 단순하다. 'Just Do It'은 해야 할 일을 강조하는 개념이고, 5초의 법칙은 그 일을 하는 방식을 보여주는 도구다.

'Just Do It'이라는 슬로건이 세계적으로 유명해지고 모든 문화권 전반에 반향을 일으킨 데는 이유가 있다. 바로 'Just'라는 단어 때문이다. 이 단어가 슬로건 안에 들어간 이유는 내가 줄기차게 강조한 사실을 나이키도 알고 있기 때문이다.

'행동하기 직전에, 사람들은 먼저 멈춰서 생각한다.'

나이키의 슬로건은 우리 모두가 더 나은 사람이 되고, 더 바람직한 일을 하기 위해 스스로를 다그치며 애쓴다는 점을 인정하고 있다. 불쑥 시작하기 전에 사람들은 주저하고 감정적으로 흔들린다. 단어 'Just'는 나만 그런 게 아니라는 점을 알려준다. 누구나 다 그렇게 소심하게 망설이고 주저한다.

이미 진행 중인 게임에 참여하라고 요청하기 직전이나, 운동할 때 세 번째 세트를 반복해야 할지 고민하는 순간, 또는 비가 쏟아질 때 달리기를 하러 나가야 할지 의심이 들기 시작할 때, 나이키의 슬로건은 사람들이 핑계를 대고 두려워한다는 점을 인정하면서 두려움이나 핑곗거리를 이겨내라고 용기를 북돋운다.

'힘내, 생각하지 말고. 그냥 하는 거야. 피곤하겠지. 그래도 그냥 하는 거야. 무섭기도 하겠지. 그래도 그냥 하는 거야.'

'Just Do It'은 의구심을 떨쳐내고 동참하라고 독려한다. 우리의 내면에는 위대함이 있고, 이 위대함은 변명을 늘어놓는 태도와는 정반대에 있다는 것을 나이키는 알고 있다. 일반인들뿐 아니라 올림픽에 출전하는 선수조차도 자극이 필요하기 때문에 이 슬로건은 깊은 반향을 일으킨다. 5초의 법칙과 일맥상통하는 지점이다.

자신을 자극해줄 코치나 경쟁자, 부모님, 소리 높여 응원하는 팬이나 팀원이 없을 때 스스로를 자극하는 법은 어렵지 않다. 5초의 법칙을 이용해 숫자를 세면 그만이다. '5, 4, 3, 2, 1.'

Q5. 모든 사람에게 5초의 기회가 있는가?

물론이다. 변화를 바라는 본능이 생기는 순간과 그런 본능을 억누르려는 생각이 드는 순간 사이 누구에게나 5초의 기회가 있다. 머릿속에서 본능과 다른 생각을 하는 찰나의 순간, 핑곗거리나 이런저런 생각이 마구잡이로 쏟아지지 않고 몇 초 동안 멈춘 것처럼 보인다. 이 5초의 간격은 모든 사람에게 있다.

다시 말하면, 이 법칙을 어떻게 활용해도 효과를 얻을 수 있다. 개인적으로 나는 행동하고 싶은 충동이 처음 생기는 순간부터 실제 몸을 움직일 때까지의 대기 시간이 길어질수록 변명거리가 더 생기고, 억지로라도 몸을 움직이는 일이 더 어렵다는 것을 느꼈다. 두려움이 커질수록 5초의 결정이 50초의 결정이 되고, 그다음에는 500초의 결정이 된다.

이 5초의 간격을 줄이거나 늘리는 것이 가능하다면 5초의 법칙을 자신에게 맞춰 조정해보는 것도 방법이다. 뉴저지에 사는 매트는 아주 추운 겨울, 내 남편이자 그의 가장 친한 친구 크리스에게 다음과 같은 문자 한 통을 보냈다. 그는 5초의 간격을 3초로 줄여서 사용하고 있다. 행동을 막기 위해 뇌가 얼마나 신속하게 대응에 나서는지 알아챘기 때문이다.

✉ 네 아내한테 전해줘. 5초의 법칙이 여기서도 효과가 있다고 말이야. 나는 5초를 3초로 줄였어. 3초 만에 움직일 수 있는데 뭐 복잡하게 생각할 필요가 있겠어? 5초면 머릿속에서 변명거리를 두 가지 이상 만들어내겠더라고. 3초면 이미 스마트폰 버튼을 누르면서 움직이지. 오늘 아침에 일어났을 때는 실수로 온도계를 눌렀지 뭐

야. 거기까지 2초가 걸렸지만, 3초가 되었을 때는 오른쪽 스니커를 신기 시작했지.

이것이 바로 뇌의 시스템이 작동하는 방식이다. 생각하는 시간이 길어질수록 행동하고 싶은 욕구는 줄어든다. 사람은 지금 현재 상태에 머물러 있도록 스스로를 속이는 일에 능하다. 행동하고 싶은 충동이 일어나는 순간, 행동을 저지하기 위한 합리화를 시작한다. 우리가 더 빨리 움직여야 하는 이유다. 그렇게 해야 생각의 덫에 빠지기 전에 핑곗거리로부터 벗어날 수 있다.

Q6. 5초의 법칙을 어떤 목적으로 이용할 수 있을까?

사람들이 자신의 삶과 관계를 개선하고, 행복해지고, 일의 능률을 높이기 위해 어떻게 5초의 법칙을 이용하는지 수천 건의 사례를 접했다. 모든 사례는 다음 세 가지 범주로 분류할 수 있었다.

행동을 바꾸기 위해 자기 자신과의 관계나 타인과의 관계를 보다 효율적이고 체계적으로 구축하기 위해 새로운 습관을 들이고, 해가 되는 습관을 버리고, 셀프 모니터링과 자기통제력을 습득하는 데 5초의 법칙을 이용할 수 있다.

일상생활 속에서 용기 있는 행동을 하기 위해 낯설거나, 두렵거나, 불확실한 일을 할 때 필요한 용기를 얻기 위해 5초의 법칙을 이용할 수 있다. 자신의 열정을 좇고, 직장에서 아이디어를 발표하고, 자신의 재능을 최대한 발휘할 수 있는 프로젝트에 자원하고, 더 나은 리더가 되기 위해 스스로를 다그칠 때 5초의 법칙은 의구심을 잠재우고 자신감을 키워준다.

마인드컨트롤을 하기 위해 자신을 짓누르는 부정적인 생각과 끝없이 이어지는 걱정을 멈추기 위해 5초의 법칙을 이용할 수 있다. 또한 불안해하는 습관을 버리고 두려움을 이겨낼 수도 있다. 자신의 생각을 통제할 수 있다면 부정적인 생각에 매달리는 대신 자신에게 즐거움을 주는 생각을 할 수 있을 것이다. 개인적으로 5초의 법칙을 이용하는 가장 확실한 방법이라고 생각한다.

Q7. 이렇게 간단한 법칙이 효과적인 이유는 무엇인가?

5초의 법칙이 효과적인 이유는 아주 단순하기 때문이다. 뇌는 온갖 종류의 교묘한 방식으로 충동을 억누른다. 내가 좋아하는 연구자, 교수, 전문가들이 저서나 TED 강연을 통해 인지 편향, 선택의 역설, 심리적 면역체계, 조명 효과 등 수많은 이론들을 제시해서 우리의 뇌가 몸을 어떻게 배반하는지 자세히 설명했다.

이런 훌륭한 학자들로부터 배운 것은 스스로 바뀌거나, 습관을 버리거나, 어렵거나 무서운 일을 하고 싶은 순간 뇌에서 방해작업을 실시한다는 점이다.

기본적으로 우리 뇌는 상황을 충분히 생각하도록 속임수를 쓴다. 이런 꼬임에 넘어가 생각을 하게 되는 순간 자신의 생각에 갇히게 된다. 뇌는 행동하지 못하도록 설득하는 수많은 방법을 알고 있다. 변하는 것이 그토록 어렵게 느껴지는 신경학적 이유다.

1장에서 언급했듯이, 변화하려면 불확실하거나 무섭거나 새로운 일을 해야 한다. 하지만 뇌는 구조상 그런 일을 하도록 내버려두지 않는다. 뇌는 불확실하거나 무섭거나 새롭게 생각되는 일을 두려워하기 때문에 몸이 그런 일을 하지 못하게 설득하려고 무엇이든 한다. 인간의 뇌구조가 그렇다. 망설이는 과정은 아주 빨리 일어난다. 망설임을 없애려면 더 빨리 행동해야 하는 이유다.

5초의 법칙은 현대 심리학에서 입증한 주요한 원리들을 보여주는 하나의 사례다. 이 책을 통해 삶의 다양한 분야에서 5초의 법칙을 이용하는 방법을 자세히 살펴보는 동시에 이런 심리학 원리들도 더 많이 알게 될 것이다.

Q8. 어떻게 하나의 법칙이 삶의 여러 부분에 영향을 미칠 수 있는가?

5초의 법칙은 단 하나에만 영향을 미친다. 바로 나 자신이다. 우리는 매번 틀에 박힌 방식으로 자신의 변화를 방해한다. 망설이고, 그런 다음 너무 많이 생각하고, 정신적 감옥에 자신을 가둔다.

그 망설이는 순간이 치명적이다. 망설임은 뇌에 스트레스 신호를 보낸다. 잘못되었다는 위험신호인 셈이다. 그러면 뇌는 방어 모드에 들어간다. 결국 실패할 수밖에 없는 구조다.

물론 행동하기 전에 항상 망설이는 것은 아니다. 가령 아침에 일어나 커피를 따를 때, 청바지를 입을 때, TV를 켤 때, 친한 친구에게 전화를 할 때는 주저하지 않는다. 전혀 생각하지 않는다. 친구에게 전화를 해야겠다는 생각이 들면 전화기를 들고 번호를 누른다. 하지만 영업 상담 전화를 하거나 문자 메시지 답장을 보내기 직전 망설일 때, 뇌에서는 분명 뭔가 잘못되었다는 생각을 하게 된다. 생각하는 시간이 길어질수록 영업 상담 전화를 걸 가능성이 줄어든다.

망설이는 일이 아주 빈번하게 일어나 일종의 습관처럼 굳어지기 때문에 대부분의 사람들은 얼마나 자주 망설이는지 인식하지도 못한다. 5초의 법칙을 이용한 뒤 톰의 반응이다.

🕊 솔직히 5초의 법칙이 효과적인 건 단순히 이 법칙을 계속 생각하는 것만으로도 보통은 얼버무리고 넘어갔거나 외면했을 일들을 시도하거나 처리하게 되기 때문이라고 봅니다. 저는 계속 이런 말도 해요. '이런, 이 법칙을 계속 이용하고 있잖아.' 이전에 머릿속에 깊이 새겨진 생각의 패턴을 깨뜨리고 마음 편히 '한번 해봐' 하고 내버려두기 때문에 효과가 있어요. 지금은 하는 일들을 왜 예전에는 꺼렸던 걸까요? 내가 했거나 하지 않은 일들 때문에 세상이 끝나는 것도 아니었는데 말이지요.

하지만 망설이는 순간 또한 유리하게 이용할 수 있다. 스스로 망설이는 모습이 포착될 때가 바로 밀어붙여야 하는 순간이다. 5초의 기회는 열려 있다. '5, 4, 3, 2, 1' 숫자를 거꾸로 세면서 변명거리는 무시하고 스스로를 밀어붙여야 할 때다.

5초 카운트다운을 눈으로 확인하는 것만으로도 5초의 법칙이 생생하게 생각날 수 있다. 직장에서도 계속 의욕을 잃지 않고 행동할 수 있도록 사무실 벽에 카운트다운 숫자를 붙여놓는 것도 좋은 방법이다.

Q9. 5초의 법칙을 이용하면 지속적인 행동 변화도 가능할까?

5초의 법칙은 뇌의 운영 시스템에 영향을 미쳐서 머릿속에서 거부하는 순간을 이겨내도록 한다. 더 나아가 5초의 법칙을 지속적으로 이용하면 뇌의 운영 시스템을 완전히 바꿀 수 있다.

대부분의 사람들이 모르는 한 가지는 걱정, 의구심, 두려움 같은 사고 패턴이 습관에 불과하다는 것이다. 인식도 못 한 채 이런 사고 패턴을 반복할 따름이다. 행복에 방해가 되는 모든 행동이 하나의 습관이라면 5초의 법칙으로 그 습관을 버릴 수도 있다.

기다리기   잠자코 있기   걱정하기
의심하기   불안해하기   너무 많이 생각하기
주저하기   회피하기

'습관 변화를 위한 황금률'이라는 아주 간단한 원칙이 있다. 나쁜 습관을 고치려면 반복하는 행동 패턴을 바꿔야 한다는 것이다. (자세한 내용은 4부에서 다룬다. 모든 최신 연구와 더불어 5초의 법칙을 이용해 걱정, 불안, 공포, 두려움의 정신적 습관을 버리는 방법을 알아본다. 우선 지금 알아둘 것은 5초의 법칙과 5초 카운트다운 요령이 새로운 행동 패턴이 될 수 있다는 점이다.) 주저하는 대신 '5, 4, 3, 2, 1' 5초를 거꾸로 세면서 앞으로 나아가야 한다.

카운트다운 과정은 연구자들이 말하는 '시작 의식'이기도 하다. 시작 의식은 관성적인 사고 패턴을 차단하고 새롭고 긍정적인 사고 패턴을 유도한다. 5초의 법칙을 터득하면 사고 패턴이 다시 프로그래밍 되는 셈이다. 더불어 새로운 행동 패턴을 배우게 된다. 걱정하고 망설이고 두려워하는 관성적인 반응 대신 본능적으로 용기 있게 행동하는 자신의 모습을 발견할 수 있을 것이다.

시간이 지나면 다른 것도 찾게 될 것이다. 진정한 자신감과 자부심이다. 목표를 소중히 여기고 자신에게 중요한 작은 성공을 이뤘을 때 진정한 자신감과 자부심이 생긴다.

습관, 사고방식, 성격 등 고정불변이라고 생각하는 모든 것은 변할 수 있다. 그렇기 때문에 우리 삶에 놀라운 변화가 일어나게 된다. 5초 안에 결정을 내릴 때마다 관습적인 사고방식과 습관을 바꿀 수 있다. 사소한 결정들이 자신의 성격, 기분, 생활 방식에 중요한 변화를 가져온다. 결정을 바꾸면 인생이 바뀌게 된다.

그렇다면 결정을 바꾸게 하는 것은 무엇일까?

바로 용기다.

**용기를 내서
시작할 수 있다면**

**용기를 내서
성공할 수 있다.**

CHEER UP!

🐦 강연 감사드립니다. 지금은 시애틀 집에 돌아왔고, 강연을 듣고 감동을 받아서 그동안 의구심과 실패의 두려움 때문에 망설이고 있던 일을 행동으로 옮기고 있어요. 인식하지는 못했지만, 살면서 항상 5초의 법칙을 이용했다는 점을 깨달았어요. 하지만 두려움이 클수록 5초가 50초가 되고 500초가 된다는 점도 알았어요. 5초가 지나면 뇌가 제 기능을 하지 않는다고 알려주셨잖아요. 그래서 숫자 0에 도달하기 전에 행동하는 편이 좋고, 그렇지 않으면 뇌가 자폭할 것처럼(더 적합한 표현은 생각나지 않네요) 5초의 법칙을 적극 활용하는 게 좋겠다고 생각했어요. 지혜로운 조언 진심으로 감사드립니다. **@안젤라**

2부

용기의 힘

5장
일상생활 속에서 내는 용기

내가 오랜 시간을 두고 배운 것은 두 가지다.
마음을 먹었을 때 두려움은 줄어들고,
무엇을 해야 하는지 알면 두려움은 사라진다는 것이다.
―로자 파크스

　　5초의 법칙을 발견하기 전 나에게 용기를 보여주는 사례를 들어달라고 했다면 역사적인 인물들을 나열했을 것이다. 잠자리에서 일어나거나 상사에게 당당하게 의견을 밝히거나 전화기를 들거나 체중계 위에 오르는 데 며칠씩 걸리는 일을 용기라고 말하지는 않았을 거란 이야기다. 용기는 대단히 용감한 행동을 설명할 때 사용하는 단어라고 말했을 것이다.

　　내게 '용감한 사람'들은 파키스탄의 인권운동가 말랄라 유사프자이, 라이베리아의 레이마 그보위, 달라이 라마, 아웅산 수지, 넬슨 만델라, 엘리 비젤 같은 노벨상 수상자들이었다. 윈스턴 처칠 총리 시절 영국이 나치 독일에 맞서 싸운 일이나 로자 파크스가 버스에서 좌석에 앉을 권리를 지키려는 행동, 무하마드 알리가 굳건한 종교적 신념에 따라 베트남전 징집을 거부했던 일을 생각했을 것이다. 자신의 신체적 장애를 극복하고 타인의 권리를 개선하기 위해 애쓴 헬렌 켈러, 남극 탐험선 인듀어런스호의 선장으로 절망적인 상황을 이겨냈던 어니스트 섀클턴 경, 그리스 정교회의 교리에 이의를 제기하고 과학의 발전을 도모했던 갈릴레오 갈릴레이를 떠올렸을 것이다.

하지만 7년 동안 5초의 법칙을 활용한 전 세계 많은 사람들의 경험담을 들으면서 아주 중요하고 분명한 사실을 알았다.

일상은 두렵고 불확실하고 어려운 순간들로 가득하고, 그런 순간 대담하게 맞서 인생에서 기회를 얻고 즐거움을 누리려면 엄청난 용기가 필요하다는 것이다.

5초의 법칙을 통해 얻는 것이 바로 용기다.

5초의 법칙은 마틴이 9년 내내 이런저런 변명을 늘어놓으면서 단단히 걸어놓은 마음의 빗장을 풀고 더 만족스러운 경력을 쌓을 수 있도록 두 번째 석사 학위를 시작하는 데 도움이 되었다.

🕊 방금 선생님의 TED 강연을 봤습니다. 재미있고 새로운 것도 알았습니다. 무엇보다 생각할 거리가 많았어요.

30대에 대학을 졸업하고 나서 우울증과 불안 증세를 겪은 탓에 지난 9년 동안 변명을 늘어놓으면서 결코 다시는 석사 과정을 밟지 않겠다고 마음의 빗장을 단단히 걸고 기본적인 행정 업무만 했습니다. 그런데 선생님의 조언에 따라 예전 책들을 꺼내서 중단했던 공부를 다시 시작했고, 저한테 필요한 석사 학위를 온라인으로 취득하는 방법을 찾아봤습니다. 독려해주셔서 감사드려요.

지금은 커다란 산 맨 아래에 서 있고 이제 막 첫 번째 발걸음을 뗐을 뿐, 넘어질 수도 있다는 걸 잘 압니다. 다시 시작할 수 있도록 조언을 구할 수 있는 선생님 같은 분들이 있다는 것도 이제는 압니다.

정말 고맙습니다.

후아니타는 내면의 지혜가 말하는 소리에 귀 기울이는 법을 배웠다. 새 직장을 구하는 일과 친구가 추천한 회사를 두고 생각만 하는 대신 전화기를 들고 즉시 전화를 걸었다. 망설이지 않고 바로 행동에 옮기자 기대했던 결과가 따라왔다. 꿈에 그리던 일자리였다.

🕊 수없이 자기반성을 하면서 새 직장을 구할까, 내가 진정 원하는 게 뭘까 자문해봤어요. 지금 위치에 만족한다고 되뇌는 것은 그만뒀어요. 바라는 것도 많고, 필요한 것도 많고, 그만한 자격이 있다는 사실을 부인할 수 없었으니까요. 친구가 한 회사를 세 번이나 추천했어요. 선생님의 TED 강연을 보고 나서 친구에게 당장 회사로 전화를 걸겠다고 했고, 그대로 실행에 옮겼어요! 그래서 마침내 이 회사에 취직했고요. (면접 본 회사 중에 최고예요!)
지난주부터 출근했어요. 5초의 법칙 정말 끝내줍니다! 고맙습니다.

게이브에게 5초의 법칙은 일종의 터닝포인트였다. 자신의 인생에 일어난 모든 일의 책임은 자기 자신에게 있다는 사실을 깨닫고 난 뒤 가상현실사업을 시작하면서 인생을 바꿨다. 현재 그는 꿈꿔온 직장생활을 실현하고 있다.

🕊 주어진 상황에 만족하고 지내던 정규직 마케팅 매니저에서 일관성 있고 헌신적이면서 함께 성장하는 가상현실회사 사장으로 변신해서 꿈꿔온 직장생활을 실현하고 있는 중입니다.
무난하게 지내는 것도 나쁘지 않았지만, 내 인생에서 벌어진 모든 일은 내 책임이라는 사실을 잊고 살았던 거지요.

사실 잠자리에서 일어나기 위해 나한테 필요한 것은 용기였다. 나는 아침에 일어나는 게 무서웠다. 내 문제를 마주해야 했기 때문이다. 거울 속 내 모습을 보기가 힘들었다. 마흔한 살이나 되었는데, 인생과 경력이 정말 엉망진창이라는 사실을 받아들이기가 어려웠다. 우리 부부가 처한 상황을 해결하는 일은 엄두조차 나지 않았다.

내 딸에게도, 학교 역사 수업 시간에 펜을 내려놓고 손을 들 때 필요한 것은 용기다. 팀원들이 팀장에게 우려를 표하기 위해 필요한 것도, 아이들이 부모에게 무슨 일이 있었는지 말하기 위해 필요한 것도 용기다. 헤어진 애인의 연락처를 지우는 일도 용감한 행동일 수 있다. 새로운 기술을 업무에 적용하거나 술을 따라놓고 TV 앞에 멍하게 앉아 있는 대신 집으로 당당히 들어가 자신의 문제를 마주하는 일도 마찬가지다.

이 책을 쓰면서 확신한 것이 있다면 '모든 결정에는 우리 삶의 모든 것을 바꿀 수 있는 5초의 용기가 존재한다'는 것이다.

'용기'라는 단어가 빈번하게 등장할수록 용기의 본질을 제대로 가르쳐주는 역사적인 순간들이 궁금해졌다. 맨 처음 생각난 인물은 로자 파크스였다. 1955년 12월 어느 추운 겨울 저녁, 로자 파크스는 백인 승객을 위해 버스 좌석을 양보하라는 요구를 침착하게 거부했다. 이 일로 미국에서 흑인 시민권 운동이 촉발되었다는 이야기는 들어봤을 것이다.

로자 파크스가 그 순간 보여준 용기는 우리 모두에게 세상을 바꾸는 것은 거창한 행동이 아니라 일상생활 속 작은 행동들이라는 사실을 가르쳐준다. 그날 밤 그녀가 한 일은 전혀 계획적이지 않았다. (로자는 가급적 곤란한 일에는 휘말리지 않으려고 조심하는 사람이라고 자신을 설명했다.) 그날 저녁 계획한 유일한 일은 직장에서 고된 하루를 보내고 집에 돌아가 남편과 저녁을 먹겠다는 것뿐이었다. 하나의 결심이 모든 것을 바꾸기 전까지 평상시와 다름없는 저녁이었다.

호기심에 국립문서보관소, 라디오 인터뷰, 신문기사 등을 뒤지며 로자 파크스에 관해 조사하다가 놀라운 사실을 알아냈다. 체포되고 몇 주 뒤, 그녀는 비영리 라디오방송국 퍼시피카의 시드니 로저스와 인터뷰를 했다.

로자 파크스는 그 역사적인 순간을 이렇게 설명했다.

"버스가 도심을 벗어나 세 번째 정거장에 섰을 때 버스 앞쪽은 백인 승객들로 가득했어요. 내가 버스에 탔을 때는 버스 뒷부분에 유색인종 승객들이 자리를 잡고 서 있었어요. 내가 앉은 자리는 유색인 지정석 가운데 맨 앞줄이었어요. 버스 앞쪽이 백인 승객들로 가득하고 두세 명의 남자 승객이 서 있다는 것을 버스 기사가 봤어요.

버스 기사는 뒤를 돌아보고는 우리가 앉아 있는 좌석을 비워 달라고 했어요. 다른 승객들은 그냥 마지못해 자리에서 일어섰어요. 하지만 전 거절했어요. 좌석에서 일어나는 걸 거부한다면 경찰을 부를 수밖에 없다고 하더군요. 그래서 말했지요. '그럼 경찰 부르세요.'"

로자의 대답을 들은 인터뷰 진행자는 정말 중요한 질문을 했다. "인종차별이 법적으로 허용되던 시절이었지요. 그 중요한 순간에 좌석을 지키겠다는 결심은 어떻게 하게 되었습니까?"

그녀는 아주 간단하게 답했다. "부당한 대우를 받고 있고, 그 버스에 승객으로 탔으니 좌석을 차지할 권리가 있다고 생각했어요."

인터뷰 진행자는 로자 파크스가 수년 동안 부당한 대우를 받아왔다는 점을 눈치채고는 그렇게 결심한 진짜 이유가 알고 싶어서 재차 질문했다. 그녀는 잠시 멈췄다가 이렇게 말을 이었다. "당할 만큼 당했으니 그만할 때도 되었다는 생각이 들었어요." 진행자가 계획한 일이었는지 묻자 그녀는 짧게 아니라고 답했고, 그냥 일어난 일인지를 묻자 그녀는 그렇다고 말했다.

사소하지만 중요한 점이다. 로자 파크스는 주저하거나 충분히 생각하지 않았다. 아주 순식간에 일어난 일이었다. 그녀는 '정당한 대우를 받고 있지 않잖아'라고 말하는 본능의 소리에 귀를 기울였고, 본능에 따르도록 스스로를 독려했다.

망설이지 않았기 때문에 그만두라고 설득할 시간도 없었다.

공교롭게도 나흘 뒤인 1955년 12월 5일, 같은 앨라배마 주 몽고메리에서 역사를 바꾼 또 다른 5초의 결정이 있었다. 로자 파크스의 체포에 대응하여 몽고메리 개선협회MIA가 구성되었고, 스물여섯 살의 흑인 목사가 대표로 선출되어 381일 동안 이어진 버스 승차 거부 운동을 이끌었다.

그날 밤 대표로 추천된 일을 두고 훗날 이 젊은 목사는 이렇게 설명했다.

"일이 일사천리로 진행되어서 제대로 생각할 겨를이 없었습니다. 만약 충분히 생각할 시간이 있었다면 아마 그 자리를 고사했을 거예요."

고맙게도 이 목사는 충분히 생각하지 않았다. 그리고 목사는 역대 가장 위대한 인권운동가 가운데 한 사람이 되었다. 예상하다시피, 그는 마틴 루터 킹이다. 킹 목사는 동료들의 독려로 세상의 주목을 받았다. 로자 파크스는 스스로 독려했다. 두 사람 모두 독려의 힘을 경험했다. 자신의 본능, 가치관, 목표가 일치하는 순간이었고, 매우 신속하게 행동해서 망설일 시간이나 주저하는 타당한 이유를 댈 수 없는 순간이었다.

내면의 목소리가 말할 때, 생각을 멈추고 마음이 하는 말에 귀 기울여야 한다. 위대함은 성격적 특징이 아니다. 그것은 우리 모두의 내면에 있지만, 우리가 알아채지 못할 뿐이다. 로자 파크스를 아는 사람들은 하나같이 그녀가 조용하고 소심한 사람이라고 했고, 킹 목사는 인권 운동 초창기에 자신에 대한 의구심과 두려움을 이겨내느라 힘들어했다고 알려졌다.

1956년 라디오 인터뷰에서 로자 파크스는 그날 밤 일을 돌이켜 생각하며 이렇게 말했다. "내가 그런 일을 할 사람이라고 생각한 적도 없고, 나한테 그런 일이 벌어질 거라고도 생각 못 했어요." 아마도 직장이나 인생에서 성취할 수 있는 대단한 일이 아직 우리에게 일어나지 않았을지도 모른다. 중요한 순간이 되면 우리 모두는 평소와 다르게 행동하는 용기를 낼 수 있다는 것을 로자 파크스의 사례는 보여준다.

라디오 인터뷰에서 설명한 것처럼, 로자 파크스가 인종차별 제도 때문에 당할 만큼 당했다는 것은 사실이다. 하지만 그 한 순간 그녀를 자극한 것은 더 강력한 힘이었다.

바로 그녀 '자신'이었다.

그것은 용기였고, 독려였다. 자리에서 일어서거나 자신의 의견을 밝히거나 사람들 앞에 나서거나 앞장서거나 손을 들 때 혹은 어렵거나 무섭거나 확실하지 않은 일을 할 때 우리 스스로에게 하는 독려인 셈이었다. 역사나 음악, 미술 분야의 영웅들을 보고 우리와 다른 사람이라고 지레 짐작하지 말자. 사실이 아니다.

용기는 일종의 생득권이다. 누구에게나 다 있다. 가지고 태어나기 때문에 원할 때 언제든지 이용할 수 있다. 자신감, 교육 수준, 지위, 성격 혹은 직업의 문제가 아니다. 용기가 필요할 때 용기 내는 법을 아는지의 문제일 뿐이다.

용기가 필요한 경우는 아마도 혼자 있을 때일 것이다. 회의 중이거나 주방에 우두커니 서 있을 때, 지하철에 타거나 전화기를 들여다보거나 컴퓨터 화면을 응시하고 있을 때, 생각에 잠겨 있을 때 갑자기 일이 벌어진다. 일이 벌어지면 본능이 살아난다. 행동하려는 욕구가 생긴다. 가치관과 본능은 해야 할 일을 알려준다. 그러면 감정이 'NO'라고 외칠 것이다.

이때가 밀어붙여야 하는 순간이다.

모든 질문에 대답할 필요는 없다. 앞으로 5초 안에 결정을 내려야 한다.

컴퓨터 앞에 우두커니 앉아 여름 학기에 등록할지를 고민하던 댄은 대학 졸업장을 받고 싶지만 마흔넷의 나이에 신입생이 된다는 생각만으로도 끔찍하다. 마케팅 회의 중이던 크리스틴에게는 좋은 아이디어가 있었지만, 바보 같은 말처럼 들릴까 걱정이다.

지구 반대편에 사는 파텔은 자동차 사고로 얼마 전 아들을 잃은 친구가 계속 생각난다. 무슨 말을 건네야 할지 모르겠고, 아들을 잃는다는 생각만으로도 끔찍한 기분이 든다. 며칠 더 지나면 편해질 거라고 스스로를 다독이지만, 친구에게 전화를 하거나 직접 집으로 찾아가고 싶은 마음이 사라지지 않는다.

중국에 사는 사이는 새로운 스킨케어제품의 유통업자로 등록한다. 전화를 걸고 싶은 사람들이 열두 명이 넘는다. 그녀는 전화기를 보면서 망설인다. '사람들이 내가 강요한다고 생각하면 어쩌지?'

호주 퀸즐랜드에 사는 토드는 자신이 하고 싶은 일을 정확히 알고 있다. 법학이 아니라 체육학을 공부하고 싶다. 하지만 자신의 미래를 스스로 결정하기 전에 부모님의 실망감을 마주해야 할 것이다.

호주 오클랜드에 사는 마크는 밤 10시 30분 침대에 누워 있다. 몸을 돌려 책을 읽고 있는 아내를 바라본다. 아내와 근사한 섹스를 하고 싶지만, 그녀가 그럴 기분이 아닌 거 같다고 짐작한다. 아내를 향해 상체를 구부려 어깨에 키스를 하고 싶지만 거부할까 봐 두렵다. 수개월 동안 룸메이트처럼 지낸 탓에 아내를 향해 몸을 기울일 용기가 필요하다.

당신은 어떤가? 분위기 좋은 펍에서 눈을 뗄 수 없는 그녀를 봤을 때, 친구들을 향해 몸을 돌려 한참 떠들고 있던 축구 경기 이야기에 집중하는 척을 하거나, 용기를 내서 그녀를 향해 다가갈 수 있다.

달리기를 하려면 말 그대로 문 밖으로 자신을 밀어내야 한다. 수많은 SNS 셀럽으로부터 자극을 받지만, 마지막 운동이 얼마나 오래전 일인지 알고는 낙담한다.

이 이야기들은 모두 사실이고, 빙산의 일각에 불과하다.

(당신과 나를 포함해) 이들은 삶을 바꾸고 싶은 욕구와 변화의 두려움 사이에서 어쩔 줄 모르는 모습을 제대로 보여준다. 또한 모든 것을 바꾸는 힘은 평범한 용기에 있다는 사실도 알려준다.

베스트셀러 《린치핀》의 작가 세스 고딘은 '무엇이 필요한가를 생각할 때보다 무엇이 가능한지를 생각할 때 우리 뇌의 여러 부분이 활성화된다'고 했다. 우리를 주저하게 만드는 두려움에 주목할 때보다 용감해지는 것을 생각할 때도 마찬가지라고 생각한다. 문제보다 해결책에 집중할 때의 차이다. 이 작은 전환이 우리를 정신적으로 자유롭게 한다.

잠자리에서 일어나려고 애쓰는 나, 아들을 잃은 친구에게 전화를 망설이는 파텔, 운동하려고 애쓰는 당신에게 평범한 용기가 필요하다고 생각하는 것은 분명히 의미가 있다.

결국 용기는 자기 독려인 셈이다.

스스로를 독려할 때 세상이나 법을 바꾸거나 인권 운동을 촉발하는 것은 아니지만, 그에 못지않게 중요한 것을 변화시킨다고 장담할 수 있다.

다름 아닌, 나 자신!

세상에 나는
단 한 명뿐이다.

또 다른 나는
결코 없다.

그것이 바로
나의 힘이다.

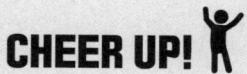

🕊 나는 5초 이내에 결심했어요. 충분히 임금 인상을 요구할 자격이 된다는 것을 사장님에게 말하리라. 내 가치를 사장님에게 말하겠다고 단단히 마음먹었어요. 마침내 시급이 2달러 인상되었어요.
그리고 예상치 못한 정말 기분 좋은 일이 생겼어요. 정말 큰 소리로 외치고 싶습니다. 정말 고맙습니다. 일주일 뒤 통장을 확인하고 깜짝 놀랐어요. 시급이 1달러 더 올랐더라고요. 총 3달러가 오른 거죠. 기대도 하지 않았던 일이에요. 사장님과 면담하면서 들었던 말이 생각났어요. "자네는 정말 능력이 있어." 그러더니 전혀 주저하지도 않고 내가 요청했던 2달러 인상에 동의했어요. 독서와 철학 덕분에 용기와 균형 감각을 얻었어요. 다시 한 번 깊은 감사의 마음을 전합니다. 행운을 빕니다! 도움이 필요하면 언제든지 연락주세요. @호세

🕊 #5초의_법칙
2년 동안 고생한 끝에 첫 번째 요리책을 출간했습니다. 하지만 조금 더 도전해보고 싶었어요. 라이프코치이자 CNN 법률 상담가인 멜 로빈스 선생님에게 내 이야기를 알리고 싶었어요. 잠시 후 이메일을 쓰기 시작

했는데, 그 이메일 덕분에 제 인생이 달라졌어요.
선생님은 정말 대단하세요. 사람들에게 꿈을 좇는 방법을 가르쳐주는 선생님 같은 분이 이 세상에 더 많이 있었으면 좋겠어요. **@브라이스**

🐦 안녕하세요.
지난여름 내슈빌 행사에서 선생님을 봤어요. 남자 친구와 함께 거기에 있었거든요. 저보다는 제 남자 친구 이야기라고 해야겠네요. 5초의 법칙 때문에 우리 두 사람의 삶이 완전히 바뀌었어요. 남자 친구는 약물중독을 치료하고 있는데, 주변에서는 거의 몰라요. 어쨌든 선생님을 만나게 된 내슈빌로 떠나기 직전에 남자 친구는 드디어 온갖 약물을 끊었어요. 그날 이후 약물에 손대고 싶은 욕구가 생길 때면 선생님이 알려준 5초의 법칙을 이용한다고 해요. '5, 4, 3, 2, 1' 숫자를 5부터 1까지 거꾸로 세면 마음가짐이 완전히 달라지고, 그렇게 하루를 시작한다고 해요. 선생님 이야기를 해주신 점 진심으로 감사드려요. **@크리스틴**

6장
왜 기다리고만 있는가?

> 옳은 일을 하는 데 알맞은 때는 따로 없다.
> ―마틴 루터 킹

톰은 시카고 시내에 위치한 하얏트 리젠시 호텔 내 스테트슨즈 스테이크하우스에서 동료들과 신규 사업 성과를 축하하는 자리에 있다. 1년 목표 할당을 채웠고, 오늘 결과에 따라 실적순위표 상위권에 올라갈 것이다.

4개월 전 부인과 사별한 그는 한 회계기술회사에서 일에만 매달렸다. 추스르느라 정신이 없던 터라 한 곳에만 신경을 쏟을 수 있어서 다행스러운 일이었다. 톰은 술을 한 잔 더 주문하려고 바텐더를 향해 몸을 돌리고, 그 순간 그는 그녀를 본다.

그녀는 바 반대편 쪽에 서서 친구와 함께 웃고 있다. 딱 꼬집어 말할 수 없지만, 그녀에게는 뭔가 특별한 것이 있다. 그녀에게 다가가서 말을 걸까 생각하지만 망설인다. 다른 사람을 만나기에

너무 빠른 것은 아닐까 생각한다. 불안한 느낌이 든다. '저렇게 매력적인 여성이 아이가 둘이나 있는 남자를 좋아할까?'

톰은 결정을 내려야 하고, 앞으로 5초 안에 하게 될 것이다.

실내를 가로질러 걷기 시작하는 데 걸리는 시간으로 톰은 자신의 삶을 시작할 수 있었다. 회의에서 손을 드는 데 걸리는 시간으로 직장에서 사람들의 평가를 바꿀 수 있다. 입을 열어 상대방을 칭찬하는 데 걸리는 시간으로 상대의 하루를 즐겁게 만들 수 있다.

그렇지만 아무것도 하지 않는다면, 그 순간은 그냥 지나가버린다. 블레이크의 경우가 그렇다. 그녀는 그녀 자신을 걷어차주고 싶을 만큼 자책하고 있다.

🕊 생각을 너무 많이 하는 바람에 그 순간이 지나가버렸다. 얼마나 멋진 사람인지 그녀에게 말하지 못했다. 내 기분을 좋게 해줬는데 고맙다는 말을 하지 않았다.
아무 말도 하지 못했다. 입은 뗐지만 한 마디도 나오지 않았다. 멜 로빈스의 5초의 법칙이 생각났고, 나를 걷어차주고 싶었다.

무슨 이유에서 주저했든, 그것은 잘못이다. 가만히 있는 게 더 안전한 것은 아니다. 원만하게 지낸다고 더 좋은 것은 아니다. 시도하는 것이 쓸데없는 일은 아니다. 잘못 생각하고 있다. 모든 변명과 핑계는 적절하지 않다. 삶을 개선하기 위해 '적당한 시기'는 없다. 움직이는 순간, 자신의 힘을 발견하게 될 것이다. 내면에 숨어 있는 진짜 내 모습을 세상에 드러내는 방법이다. 진정한 내 모습을 내보이는 최적의 시기는 내면의 목소리가 움직이라고 말하는 바로 지금이다.

우리는 대화를 하거나 급여 인상을 요구하거나 말을 꺼내거나 일을 시작하기 위한 적당한 때를 기다리느라 인생의 대부분을 허비한다. 캐나다 출신의 위대한 NHL 선수인 웨인 그레츠키가 한 유명한 말이 있다. "쏘지 않는 슛은 100% 놓친다." 정곡을 찌르는 말이다. 자신이 시도한 일은 절대 후회하지 않지만, 주저한 일은 항상 후회한다. 앤서니는 이 사실을 어렵게 깨달았다.

🕊️ 오늘밤 상대에게 내 전화번호를 줄 기회가 있었는데 그러지 못했다. 아마 평생 후회할 것이다. 인생은 왜 이리도 어려운지?!

인생은 항상 어렵다. 더구나 두려움의 목소리에 귀를 기울이고, 기다리라고 스스로를 설득하고, 진정한 내 모습을 내보이지 않을 때 인생은 더 힘들기 마련이다. 누구나 다 마찬가지다. 멋진 이성을 만난 술집에서만 그런 게 아니다. 직장에서나 집에서도 주저한다.

문제는 우리가 그렇게 행동하는 이유다. 답은 예외 없다. 거절의 두려움이나 실패의 두려움 혹은 이목의 두려움 때문이라고 하지만, 사실은 시도하는 것조차 두려워서 숨는다.

몇 개월 전 내 딸 켄달과 이런 '기다리기 게임'이 우리의 꿈에는 얼마나 좋지 못한 영향을 미치는지 이야기를 나눴다. 참고로 딸애는 열다섯 살이고, 노래에 재능이 아주 많다. 아침에 눈 떠서 잠들 때까지 노래를 한다.

최근 켄달의 멘토 한 명이 뉴욕의 뮤지컬 관계자들이 실시하는 오디션에 그녀를 추천했다. 이 멘토는 〈레미제라블〉, 〈메리 포핀스〉, 〈마틸다〉 같은 뮤지컬의 순회공연에 아역 배우를 출연시킨 적이 있었다. 그는 이번 오디션이 켄달이 배역을 맡을 수 있는 아주 좋은 기회라고 생각했다.

오디션 이야기가 나오자 켄달은 하고는 싶지만 멘토에게 답변을 하지 않았다고 했다. 나는 이유를 물었다. 자신의 생각과 감정에 갇혀 있는 이유를 듣고는 가슴이 아프면서도 놀라웠다. 신기하게도 딸애는 오디션 자체를 두려워하지는 않았다. 적어도 오디션을 생각할 때는 무서움이 없었다. 단지 오디션 이후 일어날 수 있는 모든 상황이 두려울 뿐이었다.

켄달은 오디션에 도전하고 싶지 않다면서 이렇게 말했다. "만약 통과하지 못하면 어떡해요? 내가 생각하는 것만큼 잘하지 못하면요? 오디션을 보지 않으면 적어도 나는 잘한다고 말할 수 있잖아요. 난 그냥 게을러서 원하는 것을 얻지 못할 뿐이잖아요."

형편없다는 두려움, 자격이 없다는 두려움, 실패자가 될 것 같은 두려움을 현실에서 마주하고 싶은 사람은 없다. 그래서 전염병인 양 두려움을 회피한다. 사실 운동할 때 내가 그렇다. 운동을 피할 수 있다면 몸 상태가 괜찮은 척할 수 있다. 하지만 스포츠센터에 도착하는 순간, 나는 현실을 마주해야 한다. 현실은 러닝머신 위에서 2분만 달려도 구토가 일어나고 숨이 가쁘다. 내 몸 상태는 여전히 좋지 않지만 반드시 운동을 많이 해야 한다.

우리가 도전을 피하는 이유다. 비록 원하는 것을 얻을 가능성이 줄어든다고 해도 나 자신을 지키기 위해 도전을 외면한다. 잘

하지 못한다는 자신의 두려움을 말하는 켄달의 이야기를 듣고 나는 간단한 질문 하나를 했다.

"네 생각이 틀렸다면 어떻게 할래?"

중요한 질문이지만, 제대로 묻지 않는 질문이다. 내 생각이 틀렸다면 어떻게 할 것인가? 오디션을 보고 사람들 말처럼 정말 잘한다면 어떻게 할 것인가? 내 아이디어가 엄청난 수입을 올리는 사업이 된다면 어떻게 할 것인가? 올해 할당량을 다 채웠을 뿐 아니라 훌쩍 뛰어넘었다면 어떻게 할 것인가? 싱글로 지내는 일이 생각만큼 무섭지 않고 진정한 삶의 동반자는 조만간 우연히 만날 수 있다면 어떻게 할 것인가? 걱정하느라 일도 하지 않고, 연애도 하지 않고, 최고의 내 모습을 찾는 일을 그만둘 것인가?

당연히 그러지 않는 편이 좋다.
그리고 아무리 결과가 형편없다고 해도 스스로에게 할 수 있는 또 다른 말이 있다.

"그래서 뭐!?"

결과가 형편없으면 좀 어떤가? 적어도 시도는 해봤으니 말이다. 켄달이 배역을 얻는 것과는 무관한 문제라고 생각한다. 톰이 눈을 떼지 못했던 여성도 관련이 없기는 마찬가지다. 유일하게 관련이 있는 것은 자기 자신뿐이다.

각자 내면에는 힘이 있다. 그 힘에 접근하는 유일한 방법은 직접 시도해보라고 자신을 독려하는 것이다. 최고의 내 모습은 오디션에 참가했을 때나 마음에 드는 이성에게 다가갔을 때, 직장에서 손을 들어 자신의 의견을 말할 때 나타난다.

무언가를 걱정하기 시작하는 일은 결코 스스로 그만두지는 못할 것이다. 하지만 상관없는 또 다른 걱정거리를 끌어들여 자신의 머릿속을 마비시키는 일은 막을 수 있다. 적극적으로 행동하고 힘이 되는 것을 생각하도록 자신을 독려할 수 있다. 현재의 순간으로 되돌아가서 자신이 원하는 것을 선택해야 한다.

정확히 5초 안에 그렇게 할 수 있다.

관심은 있지만 실제 행동에 옮기지 않은 것을 두고 우리는 양심의 가책을 느낀다. 모두가 '적당한 시기'를 기다린다. 정말 어리석은 일이다. 최근 조사에서 전문직 종사자의 85퍼센트가 상사의 비판적인 피드백을 그냥 참는다고 답했다. 이유는 모두 이미 알고 있다. '적당한 시기'를 기다리고 있기 때문이다. 배우자, 아이들, 친구, 동료 모두 마찬가지다.

인간의 사고구조가 그렇기 때문이다. 애덤 그랜트의 책《오리지널스》에서 가장 유익하면서 통찰력이 돋보이는 부분은 우리가 아는 몇몇 훌륭한 영웅들 역시 이런 단순한 관점에서 보면 일반 사람들과 비슷하다는 지적이다. 그들도 망설이고, 자기 자신을 의심하고, 준비가 되지 않은 것 같다는 이유로 일생일대의 기회를 놓칠 뻔했다. 가장 존경받는 사람들조차 우리와 마찬가지로 두려움, 변명, 감정을 이겨내기 위해 독려가 필요했다니 위로가 된다.

로마 바티칸 시스티나성당의 천장벽화를 그린 미켈란젤로에 관해 잘 알려지지 않은 뒷이야기가 있다. 애덤 그랜트에 따르면, 1506년 교황이 미켈란젤로에게 시스티나성당의 천장벽화를 그려달라고 요청했을 때, 미켈란젤로는 자기 자신에 대한 의구심을 도저히 감당할 수 없어서 사람들이 기다려주기를 바라다 못해 플로렌스로 도망쳐서 숨어버렸다. 교황은 2년을 쫓아다니며 애를 먹은 끝에 미켈란젤로에게서 벽화를 그리겠다는 승낙을 받아냈다.

애플과 관련된 일화도 있다. 1977년 한 투자자가 스티브 잡스와 스티브 워즈니악에게 애플 설립에 투자금을 내겠다고 했을 때, 워즈니악은 너무 두렵고 확신이 서지 않아서 다니던 직장을 그만

두기 전에 잠시 시간이 필요했다. 준비가 되지 않았다는 기분이 들어서였다. 결국 스티브 잡스, 친구들, 부모님이 독려한 덕분에 워즈니악은 한 단계 도약할 수 있었다.

5장에서 언급했던 마틴 루터 킹 목사도 충분히 생각했다면 몽고메리 개선협회 대표 자리를 거부했을 거라고 인정했다. 로자 파크스도 버스 좌석을 양보하라는 요구를 거절하게 될 거라고는 생각지도 못했다고 고백했다. 두 사람 모두 그 순간 생각하기 위해 멈추지 않았다. 준비가 된 기분이 들 때까지 기다리지 않았다.

우리 모두가 해야 할 일이다. 누구나 최고의 내 모습에 도달할 수 있다. 나는 그렇게 믿는다. 지금은 적당한 때가 아니라고 설득해서 최고의 모습에 도달하지 못하게 막는 것은 우리의 기분과 두려움 때문이다.

애덤 그랜트의 책에서 내 마음을 무겁게 했던 부분을 소개한다.

"얼마나 많은 스티브 워즈니악과 미켈란젤로, 스티브 잡스 같은 사람들이 주저하고 있을 때 등 떠밀리듯 세간의 주목을 받지 못했다는 이유만으로 자신의 독창적인 아이디어를 발전시키지도 발표하지도 널리 알리지도 않았을지 상상조차 할 수 없다."

이제 자신에게 해야 할 질문은 이것이다.
"뭘 기다리는 거야?"

누군가 자신에게 의견을 묻거나 등 떠밀어주거나 선택해주거나 갑작스레 세간의 주목을 받게 해주기를 기다리고 있는가? 아니면 기꺼이 스스로 나설 용기를 찾고 있는가? 준비가 된 기분이 들 때까지 기다리고 있는가? 적당한 때를, 자신감을 얻기를, 하고 싶은 생각이 들기를, 충분한 자격이 되기를, 경험이 더 쌓이기를 기다리고 있는가?

다음이나 두 번째 기회, 타임아웃은 없다. 더 이상 기다리지 말자. 지금이 아니면 기회는 결코 없다. 기다림은 단지 미루는 것이 아니다. 훨씬 더 위험한 짓이다. 지금은 적당한 때가 아니라고 의도적으로 설득하고 있기 때문이다. 자신의 꿈에 반하는 일을 적극적으로 하는 셈이다.

예전이었다면 폴라는 좋은 취업 기회를 두고 자격이 되지 않을 거라고 스스로를 설득했을 것이다. 큰 잘못을 저지를 뻔했다.

🐦 자격이 있을 거라고 생각지도 못했던 일자리에 지원했어요.

'도전만 해보는 건데 뭐 어때?' 이렇게 생각했거든요. 단점을 감추는 데 주력하는 대신 장점을 강조해서 일자리를 얻었어요. 예전이었다면 5초 후면 잊어버리고 시도조차 하지 않았을 텐데 말이에요.

폴라는 단점을 고민하는 대신 장점을 강조해서 두려움을 이겨내고 직장을 구할 수 있었다. 타인의 판단이나 거절 혹은 상대방의 감정을 자극하는 일로부터 스스로를 보호한다고 생각할 수 있다. 하지만 변명을 하고 기다리라고 스스로를 설득한다면 자신의 꿈을 실현하는 능력을 제한하는 것일 뿐이다. 돌이켜보면 적당한 때를, 확신이 들 때를, 내가 한 일이 완벽하다는 생각이 들 때를, 하고 싶다는 생각이 들 때를 기다리느라 인생에서 얼마나 많은 시간을 허비했는지 놀라울 뿐이다.

내 딸 켄달이 그랬던 것처럼 자신이 형편없다는 것을 알게 될까 봐 두려울 수 있다. 정말 형편없는 일은 시도해보지 않았다가 더 나이가 들어서야 후회하는 것이다. 예전에 당당하게 의견을 밝히지 못한 것은 친구들의 생각이 두려웠기 때문이라는 점을 서른 살이 되어서야 깨닫는 일이다. 더구나 그 친구들과는 더 이상 말도 하지 않는 사이가 되었다. 부인과 10년 전에 이혼했어야 한다고 쉰다섯 살이 되어서야 깨닫는 일이다. 용기 내서 프로젝트를 맡았더라면 지금쯤 경력이 달라졌을 거라고 마흔다섯 살이 되어서야 깨닫는 일이다. 마음속으로는 다른 일을 하고 싶지만 부모님을 기쁘게 해드리기 위해 학위를 따려고 강의실에 앉아 있는 일이다.

적절한 때란 없다. 지금 당장만 있을 뿐이다. 한 번 사는 인생이다. 지금이 시작할 때다. 지금 이 순간은 다시 오지 않는다. 이 순간을 최대한 활용할 수 있도록 스스로를 독려하는 일은 나 자신만이 할 수 있다. 바로 지금이 행동에 옮겨야 할 때다.

실행을 통해
아이디어를 검증한다

기발한 아이디어나 독창적인 제품 콘셉트가 있으면서도 다른 사람이 검증해주기를 기다리는 수많은 사람들의 이야기를 들으면 가슴이 아플 따름이다. 정말 안타까운 일은 타인의 검증을 기다리는 것은 자신의 꿈에 사망 선고를 내리는 것과 다름없기 때문이다.

　새 프로그램이나 책에 관한 아이디어가 있지만 방송국 고위 관계자나 출판사의 연락을 기다리고 있다면 기회는 사라진다. 자신의 이상형이 다가와서 말을 걸어주기를 기다리는 톰의 경우와 다를 바 없다. 아침에 눈을 뜨고 잠자리에서 일어날 의욕이 생길 때까지 기다렸던 내 경우도 그렇다. 준비될 때까지 기다린다고 해서 일이 제대로 되는 것은 아니다.

　세상은 그렇게 돌아가지 않는다.

　세상은 기다리는 것을 그만두고 스스로 시작하는 용기 있는 사람들에게 보상한다. TV 출연을 꿈꾸는 사람에게 내 경험에 비춰 조언한다면, 방송국 관계자들은 나를 알아봐주기 기다리는 당신이 아니라 유튜브 영상 속에서 때가 오기를 기다리고만 있지 않는 사람들을 찾고 있다는 것이다. 새로운 것을 만들고, 시도하고, 자신과 자신의 아이디어를 당당하게 밝히는 용기 있는 사람이 기회를 얻는다.

　소설로 쓰고 싶은 아이디어가 있는 사람과 전 세계 거의 모든 여성들이 탐독했으며 나흘 만에 100만 부가 팔린 소설 《그레이의 50가지 그림자》 3부작을 쓴 영국 작가 E. L. 제임스 사이에 유일한 차이점이라면 제임스는 승인이나 적당한 때를, 마음의 준비가 될 때를 기다리지 않았다는 사실이다. 판권 계약이 성사될 때까지 기다리지 않았다. 그녀는 소설《트와일라잇》팬픽 블로그에서 에로물을 쓰기 시작했다. 그렇게 본격적으로 소설을 쓸 용기를 얻었고, 책 한 권을 쓸 수 있다는 자신감이 쌓일 때까지 노력을 거듭했다. 그렇게 해서 나온 결과물이 《그레이의 50가지 그림자》다. 여가 시간에 글을 썼던 한 워킹맘이 자비로 출간한 책이었다.

그래미상을 수상한 영국 뮤지션 에드 시런도 비슷한 방식으로 세상의 주목을 받았다. 그는 열다섯 살 때 누군가 알아줄 거라는 확신도 없이 영국의 한 공원에서 음악을 연주했다.

우리도 그렇게 해야 한다. 스스로 안전지대에서 벗어나 시작해야 한다. 다른 방법은 없다. 적당한 때는 그만 기다리고 시작해야 한다.

모든 유튜브 스타들은 한목소리로 말할 것이다. 마음의 준비가 되거나 후원자가 생길 때까지 기다리라고 스스로를 설득했다면 꿈꿔왔던 삶을 살면서 두둑해진 은행 잔고에 흐뭇해하는 대신 여전히 지루한 삶을 살았을 거라고.

기다리고, 생각하고, '거의 한 것'은 중요하지 않다.

무엇이든 바꾸려면 실제로 해야 한다.

자신의 꿈을 실현하는 사람과 그렇지 못한 사람 사이의 차이점은 단 한 가지다. 시작하는 용기와 계속 실행하려는 의지가 있는가? 5초의 법칙은 일종의 '게임체인저'다. '5, 4, 3, 2, 1' 숫자를 거꾸로 세면서 머릿속에 떠오르는 변명거리를 떨쳐버리고, 행동으로 옮기게 하고, 앞으로도 계속 행동하도록 도와주기 때문이다.

시카고 하얏트 리젠시 호텔 바에서 매력적인 여성을 발견한 톰을 기억해보자. 실내를 가로질러 그녀를 향해 걸어갈까 아니면 기다려보겠다고 생각할까? 사정에 따라 다르다. 그를 위한 결정을 어디에서 내리는지에 달려 있다. 결정을 내리는 것이 그의 마음일까 아니면 그의 머리일까? 그의 바람대로 될까 아니면 두려움이 가로막을까?

로자 파크스의 조언은 이런 순간에 제대로 어울린다. 톰은 '해야 할 일'을 해야 한다. 그는 마음속으로 자신이 해야 할 일을 알고 있다. 다시 제대로 살아야 한다.

기다리는 것은 도움이 되지 않는다. 상황만 악화시킬 뿐이다.

두렵고 반신반의하며 앉아 있을 때 머릿속에서는 두려움과 반신반의하는 마음을 키운다. 이를 '조명 효과'라고 한다. 스스로를 안전하게 지키기 위해 뇌에서 쓰는 많은 속임수 가운데 하나다.

톰은 진짜 두려움을 느낀다. 불확실한 상황은 무섭다. 자신에 대한 의구심으로 무력감이 생길 수 있다. 거절당하거나 어이없는 일을 당하고 싶은 사람은 없다. 자신이 형편없다는 것을 알고 싶은 사람은 없다.

인적 네트워크를 만드는 모임이나 파티, 인터뷰에 참석하기 바로 전 혹은 매력적인 상대를 향해 걸어가기 바로 전 주눅 든 기분이 들 수 있다. 모든 가능성을 생각하는 대신 일이 잘못되거나 아무도 반기지 않으면 얼마나 어색할 것인지만 생각한다.

하지만 톰이 원하는 것은 안전함이 아니다. 톰은 인생을 다시 시작하고, 사랑하는 사람도 다시 찾고 싶어 한다. 그러려면 용기가 필요하다. 바의 반대편을 향해 첫발을 떼는 일은 겁나지만, 발걸음을 옮기는 순간 경이롭고 마법 같은 즐거운 일이 펼쳐진다는 사실을 곧 알게 될 것이다.

확신은 서지 않지만 마음의 준비는 할 수 있다. 두렵지만 어쨌든 할 수 있다. 거절당하는 일은 두렵지만, 그래도 시도할 수 있다.

모든 것을 바꾸는
5초의 용기

톰은 속으로 숫자를 세기 시작한다. '5, 4, 3…' 숫자 2를 셀 차례가 되었을 때 실내를 가로질러 걷기 시작한다. 그녀에게 무슨 말을 해야 할지 모르겠고, 가슴은 두근거린다. 하지만 오랜만에 처음으로 무덤덤한 기분에서 벗어나 활력을 느낀다. 그녀와 가까워질수록 두근거림이 빨라진다. 마침내 옆에 다가서자 그녀가 몸을 돌린다.

그다음에 일어나는 일은 중요하지 않다. 그녀가 톰의 인연일 수도 있고 그렇지 않을 수도 있기 때문이다.

이 이야기의 결말은 중요하지 않다. 이야기의 시작이 중요할 뿐이다. 톰이 다시 제대로 살기로 선택했다는 점이 중요하다. 마음의 목소리를 듣는 방법이다. 다시 데이트를 시작하든 회사를 설립하든 유튜브 채널을 운영하든, 우선 시작하는 용기를 내야 한다.

사람들은 톰이 그녀를 '쟁취'했다는 사실을 확인하고 싶어 한다. 괜찮은 영화 줄거리는 되겠지만, '그녀를 쟁취했다'는 이 이야기의 핵심이 아니다. 인생은 로맨스 소설이 아니다. 인생은 불쾌하고 힘들었다가 갑자기 눈부시게 빛나고 놀랄 만한 일이 벌어진다. 게다가 그녀에게 약혼자가 있을지도 모른다. 동성연애자이거나 정말 나쁜 여자일수도 있다. 그녀가 대단히 멋진 사람이고 결국 뜨거운 하룻밤을 보내거나 결혼에 성공한다고 해도 이 이야기를 끌어가는 힘은 그녀에게 있지 않다. 톰에게 있다.

인생의 보물은 자신의 내면에 숨겨져 있다. 다른 사람의 내면에 있지 않다. 톰의 인생을 끌어가는 힘이 톰에게 있는 것처럼 내 인생을 끌어가는 힘은 바로 나 자신에게 있다. 본능이 하는 소리에 귀 기울이고 '5, 4, 3, 2, 1' 숫자를 거꾸로 세면서 스스로를 독려할 때 그 힘을 얻게 된다. 그 힘으로 진정한 내면의 자아를 발견하면 가장 중요한 선물을 받게 될 것이다.

밥티스트 또한 내면의 힘을 알게 되었다. 그는 나한테 보낸 메시지에서 자기가 살고 싶은 삶을 살도록 아무도 도와주지 않으며, 행동하는 것이 세상에서 나만의 공간을 만드는 유일한 방법이라는 점을 깨달았다고 했다.

🕊 안녕하세요! 선생님이 하는 일과 사람들에게 전하려는 아이디

어를 정말 좋아한다고 말씀드리고 싶었어요. 저는 열아홉 살이에요. 선생님의 TED 강연과 다른 연설을 보면서 내가 살고 싶은 인생을 살기 위해 어느 누구도 도와주지 않고, 행동하는 것이 세상에서 나만의 공간을 만드는 유일한 방법이라는 점을 깨달았어요.

모든 사람이 이 세상에 새로운 의미를 부여할 수 있다고 믿어요. 정말로 선생님 덕분입니다. 감사드려요. 한 번에 하나씩 세상을 계속 바꿀 겁니다.

그의 말처럼, 나 또한 모든 사람이 이 세상에 새로운 의미를 부여할 수 있다고 믿는다. 우리 모두의 내면에는 위대함의 잠재력이 숨어 있다.

매일 나 자신이 분발하도록 독려하기 위해 필요한 용기를 찾는 것은 내면의 힘을 일깨우는 방법이다. 본능의 소리를 들으면 내가 해야 할 일이 명확해진다. '일어나 하루를 시작해, 멜!' '떨지 말고 걸어가, 톰!' '좌석을 양보하지 마, 로자!'

마음의 소리를 따르면 시끄러울 일이 없다. 움직이겠다는 결정만이 머릿속에 떠오르는 여러 변명거리들을 잦아들게 한다. 이 책 앞부분에서 말했듯이, 하나의 결정으로 완전히 다른 삶을 살 수 있다.

사람들은 불확실한 상황을 두려워하기 때문에 시도도 하기 전에 확실한 보장을 원한다. 위험을 감수한다면 원하는 것을 얻을 수 있다는 증거를 원한다. 톰이 매력적인 여성을 쟁취했다고 그것이 우리도 그럴 수 있다는 증거가 되지는 않는다. 이 문제에서 이성을 만나는 것은 일종의 수 싸움이다.

어떤 게임을 하든지 시작을 해야 한다.
꿈을 이루려면 장기적인 게임을 준비해야 한다.

인생은 한 번 시도하고 나면 끝나는 거래가 아니다. 자신이 원하는 것을 얻기 위해 노력해야 한다. '앵그리버드'를 만든 핀란드의 게임회사 로비오는 앵그리버드 게임을 개발하기 전에 51개의 게임을 선보였지만 실패했다. 영화 〈어벤저스〉에서 헐크 역을 맡은 배우 마크 러팔로는 600번에 가까운 오디션을 보고 나서야 첫 번째 배역을 맡을 수 있었다. 홈런왕 베이브 루스는 1,330개의 삼진을 당했다. 다이슨의 청소기가 먼지를 빨아들이는 기능이 탁월한 것은 당연하다. 제임스 다이슨이 만든 청소기 모델 종류가 5,127가지였다. 마지막 사례를 들으면 더욱 놀랄 것이다. 피카소는 100여 점의 걸작을 남겼다. 하지만 대부분의 사람들은 피카소가 총 5만 점이 넘는 작품을 창작했다는 사실은 알지 못한다.

마지막 숫자는 무려 5만이다. 피카소는 하루에 두 작품씩 창작한 셈이다.

성공은 수 싸움이다.
계속 기다리라고 스스로를 설득한다면 이길 수 없다.
용기를 내는 일이 잦을수록 성공할 가능성도 높아진다.

숫자 5부터 1까지 거꾸로 세면서 스스로를 독려할 때 인생의 마법을 알게 된다. 세상에, 기회에, 가능성에 다가가게 된다. 원했던 연인이나 반응을 얻지 못할 수 있지만, 중요한 것은 그게 아니다. 결국 훨씬 더 멋진 것을 얻게 될 것이다.

내면의 힘을 발견할 것이다.

기다려.

상황이
나빠질 때까지
이것저것
생각 좀 해볼게.

🕊 5, 4, 3, 2, 1 시작! 어젯밤 우리 아파트 단지에서 있었던 주민 파티에는 가지 않을 생각이었어요. 퇴근하면 피곤하니까요. 거기 있던 트럭에서는 헌혈할 생각이 아니었어요. 내가 만난 친절한 간호사도 헌혈하고 있었지만, 다가가지 않으려고 했어요. 자리를 뜨기 전에 그 간호사에게 세 번째 파티 도구를 주려고 아파트로 급히 되돌아간 건 아니었어요. 오늘 아침 그녀를 따라가지 않으려고 했고, 친구들과 같이 이야기하자고 나를 초대했을 때 가지 않으려고 했어요. 아직까지 잠옷 차림이었고, 아직 준비가 되지 않았다는 생각이 들어서요.

하지만 나는 했어요. 그래서 지금 어떻게 되었냐고요? 오늘밤과 내일 각각 두 명의 신규 우대 고객을 등록할 거예요.

이 이야기의 교훈은 '거의 한 것은 중요하지 않다. 그냥 해'입니다. @키라

🕊 댈러스에서 알게 된 후 매일 여러 번 5초의 법칙을 이용해요. 부정적인 생각을 정리하는 데 도움을 받아요. 예전에는 생각도 못했을 일이었을 테지만, 사람들에게 먼저 다가가서 대화를 걸 때도 그렇고요.

5초의 법칙 덕분에 내면의 자아가 말하는 소리를 듣게 되었어요. 저에게

는 그게 가장 큰 선물입니다. 딸한테도 5초의 법칙을 이용하는 걸 가르쳐 줬어요. 멜, 고마워요. **@무명**

7장
그렇게 하고 싶은 기분은 절대 들지 않는다

진정한 자기 자신으로 성장하는 데는 용기가 필요하다.
―E. E. 커밍스

　미국 텍사스 주 플라노의 무더운 오후, 크리스틴은 회의실에 앉아 있다. 크리스틴의 상사는 대규모 컨설팅 업무 마무리에 도움이 될 만한 아이디어 논의차 회의를 소집했다. 두 회사로 추려졌고 최종 결정은 다음 주에 나올 것이다.
　팀원들의 의견을 들으며 메모를 하던 크리스틴은 갑자기 기발한 아이디어가 떠올랐다. '맞춤형 스냅챗 필터를 만들어서 잠재 고객의 사무실 건물에 붙이면 어떨까? 건물에서 근무하는 스냅챗 이용자들이 보게 될 테고, 그렇게 되면 우리 회사에 대한 입소문이 날 거야.'

　그녀의 마음은 두근거리기 시작한다. 이 아이디어를 활용한 괜찮은 방안들이 떠올랐기 때문이다. 팀원들 간의 대화가 서서히 줄어들자 사업개발부의 부사장이 말한다. "훌륭한 제안들이네요. 다른 의견이 또 있을까요?"

크리스틴은 결정을 내려야 하고, 앞으로 5초 안에 하게 될 것이다.

대화에 끼어들어야 한다는 것을 알지만, 그녀는 우선 생각한다. '무모한 아이디어처럼 보이지 않을까? 비슷한 아이디어를 낸 사람들도 전혀 없는데.' 그녀는 앉은 자세를 바꾼다. '아무도 스냅챗 이야기를 하지 않는데, 다른 이유가 있나?' 이제 그녀는 자신의 아이디어를 말해야 하는지 의심한다.

앞으로 5초 안에 그녀는 평상시처럼 아무 말도 하지 않기로 결정하거나 자신 있게 의견을 말할 용기를 내야 한다. 게다가 그녀에게는 목표가 있다. 승진하고 싶지만 리더로서의 존재감을 부각시키지 못한다면 승진에서 배제될까 걱정이다.

결국 그녀는 무엇을 해야 할지 파악하기 위해 많은 시간을 들이며 고민하다 나에게 연락을 했다. 그녀는 스스로 할 수 있을지 자신의 능력을 의심하고 있었다. 자신감도 급락했다.

그녀는 자신감을 얻기 위해 수많은 책을 읽었고, 여성 모임에 참석했고, 멘토의 이야기를 열심히 들었으며, 거울 앞에 서서 당당해 보이는 자세를 연습했다. 이런 노력 덕분에 그녀는 무엇을 해야 하는지 알았다. 전략적인 아이디어를 공유하고, 상황을 앞장서서 주도하고, 기회가 오면 서슴없이 잡고, 존재감을 드러내고, 자신의 능력을 최대한 발휘할 수 있는 프로젝트에 자원해야 했다. 이런 일들을 해야 하는 이유도 알고 있었다.

도대체 크리스틴은 기회가 있었을 때 왜 자신의 의견을 밝히지 않았는지 궁금할 것이다. 좋은 질문이다.

답은 간단하다. 자기 자신과의 감정 싸움에서 졌기 때문이다. 말하기 힘든 게 아니다. 스스로를 믿지 못해서 힘든 것이다. 회의에서 의견을 말하는 법은 알고 있다. 자신을 가로막는 감정을 이겨내는 법을 알지 못했을 뿐이다.

문제를 해결하고 삶을 개선하는 데 도움이 된다고 알고 있는 일들을 하기 어려운 이유가 궁금했다면 역시 답은 간단하다. 자신의 감정 때문이다. 아무도 깨닫지 못할 뿐, 거의 모든 결정은 자신의 목표나 꿈, 논리에 따라 내리는 것이 아니다. 감정에 따라 내리는 것이다.

　더구나 결정을 내리는 순간의 감정은 나에게 가장 유리한 선택과는 거의 대부분 일치하지 않는다. 크리스틴의 경우를 보자. 그녀는 최선의 선택이 무엇인지 알고 있다. 자신 있게 아이디어를 말하는 것이다. 하지만 그 순간 그녀는 감정에 휩쓸려 결과를 미리 예측해본다. 여러 연구에서 보여주듯이, 우리는 장기적으로 더 유리하다고 알고 있는 일을 하기보다는 지금 당장 좋고 편안한 것을 선택한다.

　자신의 감정이 문제라는 것을 깨닫는 순간, 감정을 이겨낼 능력이 생긴다. 크리스틴에게 얼마나 빨리 감정의 변화가 나타났는지 살펴보자. 5초도 채 되지 않아 불안이 그녀의 머릿속을 채우기 시작했다. 누구에게나 일어나는 일이다. 우리가 결정을 내릴 때 감정이 하는 역할을 이해하면 감정을 이겨낼 수 있다.

　그렇다면 우리가 알아야 하는 것들을 살펴보자.

우리는 감정에 따라
결정을 내린다

결정을 내릴 때 논리를 적용한다거나 목표를 고려한다고 생각하고 싶지만, 사실은 그렇지 않다. 신경과학자 안토니오 다마시오에 따르면 95퍼센트의 사람들은 감정에 따라 결정을 내린다. 생각보다 감정이 우선하고, 행동보다 감정이 우선한다. 다마시오 박사의 주장처럼 인간은 '감정이 있는 생각하는 기계'가 아니라 '생각하는 감정 기계'다. 결국 내 감정에 따라 결정을 내리는 것이다.

다마시오 교수는 뇌 손상으로 감정을 전혀 느낄 수 없는 사람들을 연구하다가 흥미로운 점을 발견했다. 피실험자 누구도 결정을 내리지 못했다. 자신이 해야 하는 일과 선택의 장단점을 논리적으로 설명할 수 있었지만, 실제 선택하지는 못했다. "뭘 먹을까?" 같은 아주 간단한 결정도 쩔쩔맸다.

다마시오 교수의 연구 결과에는 우리가 이해해야 하는 중요한 내용이 담겨 있다. 우리는 결정을 내릴 때마다 무의식적으로 선택의 장단점을 대조하고 감정에 따라 직감적으로 판단한다. 이 과정이 10억분의 1초 사이에 벌어진다. 어느 누구도 이런 과정이 있다는 걸 알아채지 못하는 이유다.

가령 "뭘 먹을까?"라고 묻는다면 실제로는 "뭘 먹고 싶은 기분일까?"라고 묻는 셈이다. 마찬가지로 "일어나야 할까?"라고 묻는 게 아니라 무의식적으로 "일어나고 싶은 기분일까?"라고 묻는 것이다. 크리스틴도 회사에서 같은 질문을 하고 있었다. '내 아이디어를 이야기해야 할까?' 대신 무의식적으로 '내 아이디어를 이야기하고 싶은 기분일까?'라고 묻고 있었다.

여기에는 큰 의미 차이가 있다. 변화가 어려운 이유를 설명해주기도 한다. 논리적으로는 해야 할 일을 알고 있지만, 그 일을 하는 것에 대한 우리의 감정에 따라 결정을 내린다. 무슨 일이 일어났는지 깨닫기도 전에 감정에 따라 결정을 내린다.

그 순간의 감정은 대개 자신의 꿈이나 목표와 일치하지 않는다. 하고 싶은 기분이 들 때만 행동한다면 결코 자신이 원하는 바를 얻을 수 없다. 그래서 감정과 행동을 분리하는 법을 배워야 한다. 이런 점에서 5초의 법칙은 놀라운 도구다.

너무 피곤하다는 기분이 들면 달리기하러 가지 않겠다고 결정할 것이다. 그러나 "5, 4, 3, 2, 1, 시작" 이렇게 외치면 달리기를 하도록 독려할 수 있다.

책상 위에 붙여놓은 해야 할 일 목록의 일을 시작하고 싶은 기분이 아니라면 하지 않을 것이다. 그러나 "5, 4, 3, 2, 1, 시작" 이렇게 외치면 행동에 옮기도록 독려할 수 있다.

자격이 있다는 기분이 들지 않으면 상대방에게 내 생각을 말하지 않겠다고 결정할 것이다. 그러나 "5, 4, 3, 2, 1, 시작" 이렇게 외치면 말하도록 독려할 수 있다.

감정과 행동을 따로 떼어 생각하는 법을 배우지 않으면 자신의 진정한 잠재력을 발휘하지 못할 것이다.

우리가 감정 때문에 변하지 못하는 방식은 이렇다. 내 기분을 생각하기 위해 하던 일을 멈추는 순간, 목표를 향해 나아가는 것도 멈추게 된다. 일단 망설이게 되면 해야 할 일을 생각하기 시작하고, 장단점을 비교하고, 해야 하는 일에 대해 내 감정이 어떤지 생각하게 되고, 결국 하지 않도록 스스로를 설득한다.

앞에서도 언급했지만 다시 말하는 것은 아주 중요한 내용이기 때문이다. 다이어트를 계속하거나 사업계획을 실행하거나 파경을 막아 인생을 다시 설계하거나 영업 목표를 달성하거나 악질 매니저를 설득하는 능력 때문에 고민하는 것이 아니다. 이런 일들을 하는 것에 대한 내 감정 때문에 고민한다. 내 감정에도 불구하고 상황을 개선하기 위한 일을 하는 능력이 우리에게는 있다.

감정을 통제할 수는 없다.
하지만 어떻게 행동할지는 항상 선택할 수 있다.

프로 선수들이 어떻게 그렇게 뛰어난 실력을 쌓았는지 궁금한 적이 있을 것이다. 재능과 연습이 큰 몫을 했겠지만, 또 다른 핵심 요인은 일반인들이 살아가는 데 필요한 기술이기도 하다. '감정과는 별개로 몸을 움직이는 능력'이다. 예를 들어 농구 시합이 4쿼터에 접어들면 선수들은 피곤함을 느낄 수 있지만, 지친 듯이 움직이지 않는다. 감정은 단지 암시일 뿐이다. 최고의 운동 선수들은 그런 암시를 무시한다. 변화하려면 우리도 그렇게 해야 한다. 감정을 무시하고, 나이키의 슬로건처럼 '그냥 해야 한다.'

모든 사람은 나 자신을 믿지 못하는 감정 때문에 고민한다. 린-마누엘 미란다는 2016년 토니상 11개 부문을 휩쓴 뮤지컬 〈해밀턴〉의 작가다. 그가 이 뮤지컬 각본을 쓰는 데는 6년이 걸렸다.
누구나 제2의 〈해밀턴〉 같은 뮤지컬을 쓰는 꿈을 가질 수 있다. 단, 미란다가 이 뮤지컬을 쓰는 데 6년이나 걸렸다는 점을 잊지 말자. 그는 6년 동안 매순간 자기 자신을 믿지 못하는 감정과 싸워야만 했다.

그는 최근 자신의 트위터에 글을 올렸다. 부인 바네사와 주고받은 문자 메시지였다. 〈해밀턴〉이 초연과 동시에 매진을 기록하고 티켓 가격이 1,000달러까지 치솟을 거라고 꿈에도 생각지 못했을 3년 전, 그는 여전히 각본을 쓰는 중이었고 자기 자신을 믿지 못하는 감정 때문에 힘들어했다.

✉ 원했던 만큼 빨리 일이 되지 않을 때, 나 자신을 자책하지 않는 것과 일이 되기를 기다리는 동안 시간을 허비하지 않는 것 사이에 균형을 맞추느라 힘들어.

그는 어떻게 했을까? 스스로를 다그치며 계속 각본을 썼다. 예전 문자 메시지를 트위터에 올린 이유였다. 우리 모두 같은 사람이라는 사실을 사람들에게 상기시키려고 했다. 스스로를 망치는 감정 때문에 모두들 힘들어한다. 유일한 출구는 참고 견뎌내는 것뿐이다. 그래서 '5, 4, 3, 2, 1' 숫자를 거꾸로 세는 동안 자신이 처한 상황을 받아들이며 말했다.

"피아노 앞으로 돌아가."

"누구나 다 겪는 문제야." 미란다의 아내가 그에게 해준 말이다. 그녀의 말이 맞다. 우리 모두는 스스로를 의심한다. 이것은 진리다. 우리가 하는 가장 큰 실수는 자신의 감정이 전하는 거짓말에 속는 것이다. 하고 싶은 기분이 들 때까지 기다리지 말자. '5, 4, 3, 2, 1' 숫자를 세고 말하자. "피아노 앞으로 돌아가."

크리스틴이 고민하고 있는 회의실로 돌아가보자. 예전에는 확신이 서지 않으면 메모장을 내려다보며 아무 말도 하지 않았을 테고, 5초 뒤에 기회는 이미 사라지고 없었을 터였다. 그러다 누군가 자신의 생각과 비슷한 아이디어를 내놓았다면 아무 말도 하지 않은 것을 두고 오후 내내 자책한다.

하지만 오늘 크리스틴은 다르게 행동한다. 하려는 일이 무섭고 머릿속에서 그러지 말라며 아우성치자 5초의 기회가 서서히 사라지는 느낌이 든다. 5초의 법칙을 적용하려니 속이 울렁거린다.

스스로를 믿지 못하는 마음을 잠재우고 머릿속 생각을 바꾸기 위해 속으로 조용히 숫자를 거꾸로 세기 시작한다.

5, 4, 3, 2, 1

카운트다운은 크리스틴의 일상적인 행동 패턴을 방해하고, 두려움에서 주의를 다른 데로 돌리고, 의도적으로 행동해야 하는 순간을 만든다. 그 순간에 통제력을 발휘하여 전전두엽 피질을 활성화하고 행동을 유도한다. 그런 다음 입을 열어 말한다.

"아이디어가 있어요."

모든 사람이 고개를 돌려 자신을 바라보자 그녀는 바로 그 자리에서 죽을 것 같은 기분이 든다. 그녀는 계속하라고 스스로를 다그친다. 앉은 자세에서 허리를 조금 꼿꼿이 펴고, 행동 전문가의 조언대로 테이블에 놓은 양쪽 팔꿈치의 간격을 조금 넓힌 다음 말을 시작한다. "제 아이디어는요, 다들 아시다시피 통계적으로 밀레니얼세대들이 SNS로 스냅챗을 많이 사용하고 있습니다."

모든 사람이 그녀의 아이디어에 귀를 기울이면서 몇 가지 질문을 했고 상사가 말했다. "고마워요, 크리스틴. 아주 흥미로운 제안이군요. 또 다른 의견 없나요?"

겉으로 보기에는 세상이 깜짝 놀랄 만한 일은 전혀 일어나지 않았지만, 그 이면을 들여다보면 한 사람의 인생을 바꿀 만한 일이 일어났다. 그녀는 직장에서 자신이 되고 싶은 사람으로 변화하는 데 필요한 용기를 얻었다.

핵심은 그녀의 발표 내용이 아니다. 그 순간이 중요해진 이유는 그녀가 결국 말을 했기 때문이다. 크리스틴이 내놓은 SNS 캠페인 아이디어는 회사의 마케팅 전략보다 훨씬 중요한 것을 바꿔놓았다. 크리스틴을 변화시켰다. 행동 방식뿐 아니라 자신에 대한 인식도 바꿔버렸다. 사고방식마저 달라졌다.

이것이 자신감을 쌓는 방식이다. 매번 5초 안에 결정을 내려 행동에 옮기는 것이다.

크리스틴은 용기를 얻기 위해 5초의 법칙을 이용해서 자신의 내면 깊은 곳에 도달했다. 평상시라면 주저했을 상황에서 자신의 의견을 당당하게 밝힘으로써 자신도 기발한 아이디어를 내놓을 만큼 능력이 있고 스마트하다는 것을 스스로에게 입증했다. 작지만 아주 중요한 발걸음이었다. 더구나 용기를 냈다.

5초의 법칙은 그녀가 위험을 감수한 방법이었고, 모두가 효과적이라고 알고 있는 조언을 적용할 수 있었던 방법이다. 기회를 향해 달려들고, 실행을 저지하려는 도마뱀 뇌보다 한 수 위로 생각하고, 창의적으로 행동하고, 대담하게 맞서서 행동한 방법이었다.

앞서 말했던 것처럼 5초의 법칙은 즉각적인 행동 변화를 유도하는 하나의 도구다. 정확히 크리스틴이 이 법칙을 활용한 방식이다. 다른 사람들 역시 그렇게 활용할 수 있다. 크리스틴은 의도적으로 행동함으로써 평상시 자신을 가로막는 감정들을 이겨내고 직장에서 자신감 넘치는 모습을 보일 수 있었다. 아이디어를 발표하기 위해 5초의 법칙을 더 많이 활용하게 되면 자신감도 더 생길 것이다.

자신감은 행동을 통해 쌓는 일종의 기술이다. 심리학적 개입에 관해 심리학자인 티모시 윌슨은 아리스토텔레스가 말한 '선한 행동은 선한 사람을 만든다'를 인용하여 설명했다. 심리학적 개입의 전제는 먼저 사람의 행동을 바꾸면 자신이 하는 일을 통해 자기인식도 바뀐다는 것이다. 5초의 법칙이 우리의 협력자인 이유다.

5초의 법칙은 나의 목표나 결심과 일치된 행동을 하고 변화하기 위한 도구다. 생각하기 위한 도구가 아니다. 결국 인생을 바꾸고 싶다면 생각보다 행동해야 한다.

티모시 윌슨은 이 점에 분명히 동의한다. "인간의 마음은 어리석지 않다. 마음속으로 '긍정적으로 생각해봐'라고 말할 수 있는 것과 다르다. 팔꿈치로 찌르듯 조금 더 가볍게 자극해야 한다." 나는 그 이상의 행동을 해야 한다고 생각한다.

자신을 막는 감정을 이겨내고 주저하는 습관을 버리기 위한 행동을 해야 한다. 자신을 망치는 모든 습관들을 용기를 내는 습관으로 바꿔야 한다.

다음 회의에서 크리스틴은 평범한 용기를 내는 연습을 해야 할 것이다. 할 말이 있지만, 불안하고 불편한 기분이 들 것이다. 자신의 의견을 말하려고 할 때 자신에 대한 의구심이 고개를 들 것이고, 그런 다음 주저하고 반발하는 마음이 느껴질 것이다. 자신을 다그쳐야 하는 순간이다. 나의 가치관과 목표는 일치하지만, 감정은 'NO'라고 말하는 순간이다. 그녀는 말을 하도록 자신을 독려하기 위해 5초의 법칙을 활용해야 할 것이다.

5초의 법칙을 더 많이 사용할수록 크리스틴은 회의에서 잠자코 있는 버릇을 더 빨리 버리고 새로운 습관으로 대체할 것이다. 바로 용기를 내는 습관이다. 그녀가 자신의 진정한 모습을 드러내고 머릿속 아이디어를 더 편안하게 내놓을 수 있게 되면 더 활기 넘치며 자신감이 있고 인맥이 넓은 사람이 될 것이다.

네이트는 권한을 얻는다는 기분이 어떤지 정확히 알고 있다. 그는 웰빙사업을 키우기 위해 매일 5초의 법칙을 활용해서 스스로를 독려한다.

🕊 이런 세상에나. 네, 지금은 매일 5초의 법칙을 활용합니다. 오늘은 일하는 병원에서 날카롭고 차가워 보이는 잠재 고객을 만났을 때 이용했습니다. 진료 차례를 기다리고 있던 환자였는데, 먼저 다가가서 말을 걸고 연락처를 받아서 계속 연락하고 나중에 시간이 되면 사업 정보를 공유하기로 했지요.

알렉산드라는 회사에서 프레젠테이션을 하라고 했을 때 머릿속에 온갖 핑곗거리가 잔뜩 떠올랐다. '5, 4, 3, 2, 1' 숫자를 거꾸로 세는 사이 그녀는 모든 것을 바꾼 그 순간을 피하지 않았고, 덕분에 졸업생 수업을 맡는 자신감을 얻었다.

✉ 온라인 마케팅을 주제로 프레젠테이션 요청을 받았을 때 처음

에는 이런 생각을 했어요. '오, 좋았어. 그런데 내가 정말 해야 할까? 내가 100퍼센트 아는 주제도 아니고, 다른 도시에서 해야 하고, 토요일 아침 일찍 일어나야 하네. 이미 너무 바쁘고 피곤한데, 프레젠테이션 준비를 언제 하지? 중요한 건 아니지만, 과연 사람들이 좋아할까? 비웃지는 않을까?'

그때 5초 만에 마음을 고쳐먹고 생각했지요. '멜 로빈스라면 조금도 지체하지 않고 'YES'라고 말했을 거야.' 그래서 저도 그렇게 했어요. 모든 것을 바꾼 건 바로 그 한순간이었지요. 멋진 남편의 도움으로 프레젠테이션 준비를 하고 수천 번 검토한 다음 시간을 들여서 거울 앞에서 연습했어요. '온라인 마케팅 투자' 프레젠테이션은 성공이었다고 당당하게 말할 수 있어요. 그날 이후 더 많은 프레젠테이션 요청을 받았고 대학 졸업생들을 가르쳤어요.

여러 동영상과 SNS 메시지 감사드려요. 덕분에 'NO'를 외치던 태도가 'YES'를 외치는 걸로 바뀌었어요.

5초의 법칙을 이용할 때 사람들이 자유로움을 느끼는 것은 그 순간을 즐기면서 동시에 내 인생을 온전히 소유한다고 생각하기 때문이다. 'NO'를 외치던 경우를 'YES'를 외치는 경우로 바꾼다.

짐은 결코 자기 자신의 힘을 과소평가하지 말라고 조언한다. 그는 5초의 법칙을 이용해서 분석마비증을 극복하고 환상적인 한 해를 보내고 있다.

🐦 멜 로빈스가 소개한 5초의 법칙 덕분에 환상적인 1년을 보내고 있습니다. 내가 관여하는 모든 일은 적극성이 요구되는 편인데, 5초의 법칙 덕분에 분석마비증을 극복했어요. 결코 나 자신의 힘을 과소평가하지 말고, 사람들이 목표를 이루기 위해 사용하는 방식에 항상 주목하세요. 올 한 해를 어떻게 보낼지 정말 기대가 됩니다.

티모시 윌슨과 아리스토텔레스가 말했듯이, 선한 일을 하면 선해진다. 먼저 행동을 바꿔야 한다. 행동을 바꾸면 자신에 대한 인식도 변한다. 케이트는 5초의 법칙을 통해 그 사실을 알게 되었다. 마케팅 전문가인 케이트는 회의실의 동료들이 자신을 주시하며 부족하고 경험이 없다고 생각할까 걱정하면서 조용히 자리를 지키는 유형이었다. 하지만 직장에서 자신의 행동을 바꾸는 용기를 얻게 되자 예상치도 못했던 일이 벌어졌다. 창의력이 폭발했다.

✉ 안녕하세요, 멜.

제가 경험한 5초의 법칙 이야기입니다.

처음에는 아침에 하는 일상적인 일들을 하기 위해 7시 반에 일어나려고 5초의 법칙을 이용했어요. 하지만 이 법칙이 가장 큰 영향을 미친 건 제 직장생활이에요.

마케팅 관련 일을 하고 있어서 항상 새로운 아이디어에 촉각을 세우고 있지요. 참신한 아이디어는 발전시켜서 고객에게 이익이 되는 캠페인으로 만들 수 있거든요. 아주 사소한 낌새도 의미가 있어요. 하나라도 놓치지 않으려고 어디를 가든 가방 안에 작은 수첩을 넣어 다니고, 급히 처리해야 할 일을 메모하기도 하지만, 대체로 갑자기 떠오른 아이디어를 적어둡니다.

5초의 법칙을 이용하게 되면서 내 아이디어가 장기적으로 괜찮을까 미리 고민하지도 않고, 먼저 상사의 승인을 받으려고도 하지 않아요. 그런 건 나중에 해결해요. 우선 당장은 메모해놓고 나중에 다시 생각해보면서 합리적인 전략인지 시간을 들여서 평가해요.

아이디어를 말하거나 메모해두는 것조차 수줍어하던 스타일이었어요. 남의 이목을 의식하는 편이어서 사람들이 나를 어떻게 생각할지, 부족하고 애송이라고 생각하는 건 아닌지 걱정했어요. 나의 이 겁쟁이 증상을 던져버린 이후 창의력이 폭발했어요. 이제는 애초에 뭘 그렇게 걱정했는지 기억도 나지 않네요.

5초의 법칙, 고맙습니다!

P.S) 우리 팀은 제 아이디어를 아주 좋아해요 ^^

겁쟁이 같은 기분이 들었다가도 '5, 4, 3, 2, 1' 숫자를 세고 용감하게 행동할 수 있다. 이 평범한 용기의 핵심은 선택이다. 매번 5초를 세면서 할 일을 결정하거나 자신에게 정말 중요한 것을 계속 시도할 수 있다. 용기와 자신감이 아주 밀접한 관계인 이유다.

의구심이 들 때마다 '5, 4, 3, 2, 1' 숫자를 거꾸로 세며 의구심을 이겨내고, 나도 할 수 있다고 스스로에게 증명할 수 있다.

두려움을 이겨내고 '5, 4, 3, 2, 1' 숫자를 거꾸로 세며 행동할 때마다 내면의 힘을 발견할 수 있다.

이것이 자신감을 키우는 방법이다. 사소하지만 용감한 행동 하나가 쌓이고 쌓여서 자신감이 된다.

~~했어야 했는데~~
~~할 수 있었는데~~
~~할 걸 그랬는데~~

해냈다.

#인생목표 #버킷리스트

사람들 앞에서 말하는 두려움을 극복하도록 도와준 멜 로빈스 선생님에게 고마움을 전합니다. 2016년 5월에 선생님의 강연을 들었어요. 더 나은 내가 되기 위해서는 나 자신에게 도전해서 나의 안전지대에서 벗어나라고 하셨지요. 선생님 강연에 깊은 감동을 받았어요. 1단계로 프레젠테이션에 도전하려고 제 프로젝트를 제출했는데, 제가 선택이 되어서 허리케인 매튜스가 상륙하기 몇 시간 전에 간호사 동료들 앞에서 발표했어요. @캐롤

3부

행동을 바꾸는 용기

들어가기에 앞서
가장 생산적인 사람이 되는 법

먼저 5초의 법칙은 '변화중립적'이라고 말하고 싶다. 변화를 시도하려는 모든 종류의 행동에 효과가 있을 것이다. 5초의 법칙을 적용하는 대상은 각자 상상력에 달려 있을 뿐이다. 긍정적인 습관을 새롭게 들이고 싶다면 5초의 법칙을 이용해서 '5, 4, 3, 2, 1' 숫자를 거꾸로 센 다음 행동에 옮기도록 스스로를 독려한다.

도박, 음주, 약물중독 같은 자기파괴적인 행동이나 TV 프로그램 몰아보기, 느닷없이 짜증 내기, 팀원들 일일이 간섭하기 같은 충동적인 행동에서 벗어나는 데도 5초의 법칙을 활용할 수 있다. 자기파괴적 행동이나 충동적인 행동에서 관심을 돌리고 자제력을 발휘하기 위해 5부터 1까지 숫자를 거꾸로 센다. 그런 다음 몸을 돌려 자리에서 벗어난다.

모든 변화와 마찬가지로 간단하다. 쉽지는 않지만, 자기파괴적 행동이나 충동적 행동을 그만두는 데 5초의 법칙이 도움이 될 것이다.

행동 변화와 관련해서 계속 이메일을 받는 세 가지 내용이 있다. 건강과 생산성, 미루는 습관에 관한 내용이다. 우리 삶에서 중요한 이 세 가지 영역을 개선하기 위해 5초의 법칙과 최신 전략을 함께 이용하는 단계별 접근법을 간략하게 소개하면 다음과 같다.

첫째, 건강 증진의 비법을 알아본다. 마음에 들지 모르겠지만 효과는 확실하다. 5초의 법칙을 이용해서 스스로를 위해 아주 놀라운 일을 하고 있는 전 세계 사람들의 SNS 메시지를 확인하게 될 것이다.

둘째, 5초의 법칙을 이용해서 생산성을 높이는 법과 집중력, 생산력, 인간의 뇌에 관한 최신 연구 결과를 알아본다. 알람시계의 타이머 버튼을 둘러싼 특이한 사실과 타이머 버튼이 생산성에 미치는 놀라운 영향력을 소개한다.

셋째, 우리 모두를 괴롭히는 주제인 미루는 습관을 자세히 살펴본다. 두 가지 유형의 미루는 습관과 미루는 습관을 완전히 없애기 위한 19년간의 연구 결과와 더불어 5초의 법칙을 활용하는 단계별 방법을 알아본다.

이제 알게 되는 모든 내용은 즉각 실행에 옮길 수 있고 과학적으로도 입증되었다.

자신의 잠재력에 도달하려면 스스로 노력해야 한다.
다른 방법은 없다.

스스로
일상을
이끌어가지
못하면

일상에
끌려 다니게
될 것이다.

8장
삶을 건강하게 만드는 원칙

용기란 성공의 보장이 없어도 시작하겠다는 약속이다.
―요한 볼프강 폰 괴테

내가 받는 메시지의 절반가량은 자신의 건강을 걱정하는 우리 주변의 평범한 사람들의 이야기다. 군살을 빼거나 덩치를 키우거나 체중을 줄이거나 콜레스테롤 수치를 떨어뜨리거나 병을 치료하거나 건강한 식생활을 하거나 근력과 유연성을 키우거나…. 어떤 이유에서든 원하는 것을 얻기 위해 5초의 법칙을 이용할 수 있다.

사실 건강해진 상태를 생각한다고 실제 건강해지는 것은 아니다. 정신 운동인 명상도 스스로 직접 해야만 한다. 달리 해결할 방법이 없다. 행동에 옮겨야 한다.

우리 삶에서 정신적·신체적 건강만큼 연구가 많이 되고, 정보나 무료 콘텐츠, 선택권이 다양한 분야는 없다. 인터넷에서 '다이어트'를 검색해서 상위 20개 검색 결과를 다운받아 프린트해서 다트판에 붙인 다음 다트를 던져 선택된 다이어트 방식을 따를 수도 있다. 실제로 그 방식대로 한다면 효과를 볼 것이다.

문제는 다이어트 방식이 아니다. 다이어트에 대한 내 기분이 문제다. 운동도 마찬가지다.

사람들은 운동하고 싶은 마음이 없고, 이런 기분이 더 건강해지고 싶은 욕구에 걸림돌이 되어도 그냥 내버려둔다. 애나가 그랬던 것처럼 말이다. 하지만 그녀는 5초의 법칙을 이용해서 '5, 4, 3, 2, 1' 숫자를 세고 스피닝 자전거에 다시 올라갔다.

🐦 운동하고 싶은 '기분'이 전혀 아니었다. 하지만 오늘 점심시간에 멜 로빈스의 강연을 재미있게 들었다. 그녀가 말한 5초의 법칙이 용기를 줬다. "변화를 이루려면 무엇을 해야 하는지 다들 알고 있지만, 기분이 방해한다." '5, 4, 3, 2, 1' 숫자를 거꾸로 세고 다시 스피닝 자전거에 올랐다. 내 가쁜 숨소리를 들어야 했던 옆 사람에게 미안한 마음을 전한다. 정말 길게 느껴졌을 텐데.

페달을 밟을 때 호흡이 거칠어질 수 있지만 상관할 바가 아니다. 집에서 핑계를 대는 것보다 훨씬 낫다.

온갖 방식의 다이어트, 운동 프로그램, 서킷 프로그램, GX 수업, 물리치료 요법, 크로스핏, 명상 프로그램, 요가 동작은 건강을 향상시킨다. 하지만 여기서도 주목할 점이 있다.

스스로 직접 해야 한다.

개인적으로 운동을 끔찍이도 싫어한다. 날이 춥거나 비가 오는 날은 특히 더 그렇다. 잠자리에서 일어나는 것만큼 운동을 싫어한다. 5초의 법칙이 없었다면 결코 운동을 하지 않았을 거다.

건강해지는 일은 왜 그렇게 힘들까? 답은 이미 알고 있다. 내 기분 때문이다. 내일부터 113일 동안 샐러드를 먹으면 어떨까 생각하는 순간 그렇게 하지 말라고 스스로를 설득할 것이다. 오늘의 크로스핏 프로그램 내용을 훑어보고 주차장에서 한 무리의 사람들과 함께 버피 동작을 45회씩 3세트를 하면 어떨까 생각하는 순간 문 밖으로 나가고 싶지 않을 것이다.

정해진 식단을 지키면 행복할까? 당연하다. 크로스핏 수업에서 친구를 보고 운동을 하는 것이 행복할까? 그렇다고 믿는 편이 좋을 것이다. 5초의 법칙을 알기 전에는 그 지긋지긋한 소파에서도 벗어나는 일이 어려웠던 멜라니의 이야기를 들어보자.

🕊 안녕하세요, 멜! 고맙다는 말을 하고 싶어서요. 내가 이해할 수 있는 언어로 말해준 것도 그렇고요. 그 지긋지긋한 소파에서 벗어나고 내 생각에서 벗어날 수 있게 해준 점도 고마워요. 변화의 힘을 경험하고 정말 멋진 내 자신이 된 것도요. 불안이 사라지고 자유와 돌파구를 찾았어요.

그녀는 몸을 움직이면서 '자유와 돌파구'를 경험했다. 모두가 원하는 경험이다. 마음이 편한 것을 하고 싶다는 사실을 인정하는 순간, 건강해지는 비법이 간단하다고 깨닫는다. 결코 하고 싶지 않을 기분일 때 숫자를 거꾸로 세면 그만이다. '5, 4, 3, 2, 1, 시작!'

스포츠센터에 가지 않고 햄버거 가게에 들렀다가 SNS를 하면서 시간을 허비하는 일은 스피닝 수업에 들어가서 가쁜 숨을 몰아쉬거나 식단에서 설탕의 양을 줄이는 일보다 훨씬 더 편하다. 체중을 줄이고, 식단을 지키고, 규칙적으로 운동을 하고 싶다면 해야 할 일은 단 한 가지뿐이다. 내 기분이 어떤지 생각하지 않는다. 내 기분은 중요하지 않다. 단지 중요한 것은

내가 무엇을 하는가

이다. 에리카는 그 점을 깨달았다. 멀고 먼 다이어트의 길에 들어섰지만, 운동을 해야 하는 의욕을 완전히 잃어버리고는 매번 스포츠센터에 갈 수 없는 핑곗거리를 댔다.

✉ 정말 팬입니다. 작년에 CNN에 출연한 모습을 보고 호기심이 생겼어요. 1년 정도 트위터 팔로잉을 하고 있어요. 영감을 주는 여러 메시지가 정말 도움이 되었는데, 그중 최고는 5초의 법칙입니다. 지난 몇 년간 계획만 했던 다이어트 도전을 드디어 올해부터 시작했어요. 지금까지 14킬로그램 정도 감량했고요. 이런 성과에도 불구하고 운동을 계속해야 하는 의욕을 완전히 잃어버렸다는 걸 느꼈어요. 일이 너무 늦게 끝난다, 시간이 없다 등등 항상 변명거리만 늘어놓고 말이지요.

몇 주 전 블로그에서 다이어트를 주제로 한 선생님의 강연 동영상을 봤는데, 정말 온갖 핑곗거리를 제대로 짚어내시더군요. 운동하고 싶은 기분은 정말 아니지만, 결과를 계속 보고 싶다면 운동을 해야겠어요.

운동할 때 5초의 법칙을 이용하고 있고, 오늘로 7일째 운동을 빼먹지 않았어요. 간혹 운동하고 싶지 않은 날이 있긴 하지만, 목표가 있으니까요. 처음 5초 안에 운동하도록 나를 설득하면 끝난 거예요.

운동하고 싶은 기분은 절대 들지 않는다는 것을 깨달은 순간, 에리카는 5초의 기회를 알아챘고 5초 안에 움직이도록 스스로를 다그칠 수 있었다. 운동은 온전히 마음에 달려 있다. 머릿속에서 운동을 하도록 압박을 하지 않으면 몸은 절대 움직이지 않는다. 5초의 법칙이 건강을 위한 '게임체인저'인 이유다.

5초의 법칙을 이용하는 법은 이렇다.

'5, 4, 3, 2, 1, 스포츠센터로 출발!'
'5, 4, 3, 2, 1, 도넛은 내려놓고 구운 닭가슴살을 먹자!'
'5, 4, 3, 2, 1, 베이커리에서 멀리 떨어져서 걷자! 빵과 디저트가 마녀처럼 유혹하더라도.'

5초의 법칙을 이용해서 몸과 마음, 인생을 완전히 바꾼 사람들보다 여전히 더 뚱뚱하고 게으르고 건강이 좋지 못한 채로 사는 사람들이 곳곳에 있다. 찰리의 경우도 그렇다. 처음 나한테 연락을 했을 때 그의 체중은 약 174킬로그램에, 허리둘레는 54인치였다.

#의욕이_차이를_만든다
열심히 운동하고 건강하게 먹기 529일째

처음 체중 174킬로그램, 허리둘레 54인치

현재 체중 108킬로그램, 허리둘레 37인치

체중 감량 프로젝트는 2015년 1월 15일에 시작했지만, 5초의 법칙이 아니었다면 결코 시도하지 않았을 것이다.

2014년 2월 28일 멜 로빈스의 '자신을 속이지 않기'라는 제목의 TED 강연 동영상을 봤다. 강연의 핵심 내용 가운데 하나가 5초의 법칙이었다. "생각이나 욕구, 아이디어가 있지만, 행동으로 옮기지 않는다면 영원히 사라져버립니다." 강연을 보고 나서 5초의 법칙을 행동으로 실행했다.

다른 이들을 돕고 격려하고 싶다는 기분이 든 건 그날이 처음이었고, 그 순간 5초 안에 행동으로 옮겼다. 내가 하고 싶은 일들을 소리 내서 말하면서 종이에 적어 내려갔다. 행동으로 옮긴 것이다. 멜 로빈스에게 감사의 이메일을 보내야겠다고 생각했다. 보통 그런 일은 하지 않지만, 5초 안에 이메일을 쓰기 시작하면서 멜 로빈스는 어떤 반응을 보일까 궁금했다. 결국에는 통화를 하게 되었고, 생각지도 못하게 내 인생에 엄청난 영향을 받았다.

2014년 2월 그날 이후 내 인생을 되찾았다.

지금까지 나에게 일어난 일

1. 80킬로그램 감량

2. 다른 사람들에게 조언을 하고 격려하며 돕고 있음

3. 300일 연속 주스를 마시고 있음

4. 25차례 강연(언젠가 TED 강단에 설 수 있기를 기대함)

5. 항상 5초의 법칙에 따라 내 생각, 아이디어, 욕구를 행동에 옮기려고 함. 인생의 여정에서 어떤 일로 이어질지 모르니까.

절대 멈추지 않고, 결코 포기하지 않는다!
5초의 법칙을 알려준 멜 로빈스에게 고마움을 전하며.

찰리는 말 그대로 완전히 다른 존재가 되었다. 어떻게 이렇게 달라졌을까? 그는 풀 맛이 나는 주스를 꾸준히 마셨다. 구역질이 난다고 말하는 사람도 있겠지만, 결국 찰리는 자신의 목표에 도달했다. 지금은 사람들이 건강한 모습을 찾도록 돕는 회사를 차려 성공적으로 운영하고 있다.

찰리는 스스로에게 한 약속을 지키기 위해 529일 연속 자신을 독려했다. 그러고 싶은 기분 때문이 아니라 그렇게 할 거라고 말했기 때문이다. 주스를 만드는 대신 80킬로그램을 줄이는 생각

만 하며 529일을 보냈다면 어땠을까? 무슨 일이 일어났을까? 아무 일도 없었을 거다. 그는 용기 있게 행동함으로써 더 건강하게 살고 싶은 본능을 따를 때 인생의 변화가 시작된다는 것을 알았다.

어떤 일을 시작하려면 용기가 필요하고, 그 일을 계속하는 데도 용기가 필요하다. 그 일을 세상 사람들에게 알리는 데도 당연히 용기가 필요하다. 체중 감량에 필요한 것은 용기다. 현재 체중과 희망 체중 사이의 간격이 아주 커 보이기 때문에 얼마나 많은 운동을 해야 하는지 알 수 없기 때문이다.

간단히 말하면, 현재의 내 모습과 스스로 바라는 모습 사이의 간격이 너무 커서 그 간격을 메우는 일이 불가능하다고 생각하기 때문이다. 그런 생각이 드는 건 정상이지만, 머릿속을 가득 채우도록 내버려두는 일은 일종의 자기 학대다.

내가 찰리를, 반바지 위로 축 처진 배가 드러난 그의 사진을 좋아하는 이유다. 특별히 그의 허락을 받고 여기에 그 사진을 올린다. 누구든지 노력하면 체중계 숫자를 줄일 수 있다. 찰리를 보면서 자극을 받아 오늘부터 시작해보자. 찰리의 성과를 보면서 포기하지 않는 용기를 얻자.

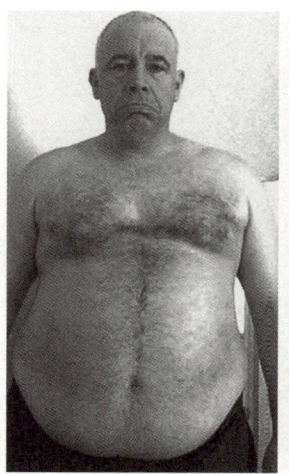 

#찰리
#비포앤애프터

소개하고 싶은 한 사람이 또 있다. 마크는 한 달에 팔굽혀펴기를 5,000번 하겠다고 인스타그램을 통해 밝혔다. 자신의 말에 책임을 지겠다는 의지다.

◉ 운동 수준을 한 단계 더 높이기로 결심했습니다. 7월 한 달 동안 팔굽혀펴기 5,000번과 턱걸이 2,000번을 하고 200킬로미터를 달리겠다고 친구들에게 알렸어요. 세 가지에 도전하면서 동시에 보름 정도는 아이들과 휴가를 보내고, 가치를 높여 사업을 매각하는 법에 관한 책을 마무리할 예정입니다.

이 모든 일을 다 할 수 있는 건 5초의 법칙 덕분입니다. 빨리 선생님 책이 나왔으면 좋겠군요. 당신의 멋진 조언이 효과가 있다는 것을 보여주는 산 증인이 바로 여기 있습니다. 고맙습니다.

날마다 규칙적으로 운동을 하는 것은 마크의 또 다른 목표인 책 마무리에도 도움이 된다. 매일 운동할 때마다 책 마무리 목표를 머릿속에서 상기하면서 준비하게 된다.

한 달에 팔굽혀펴기 5,000번이라면 말 그대로 괴로울 수 있기 때문에 좀 부담스러울 수 있다. 그렇다면 피트니스 챌린지를 시작한다고 생각하면 어떨까? 운동 3주차인 아누크는 건강과 운동에 관한 단순한 사실을 지적한다. "정말로 운동하고 싶은 기분은 들지 않았지만, 어쨌든 했다. 아자, 아자, 아자!"

아누크는 정말 멋진 사람이다. 하고 싶은 기분이 들지 않을 때 스스로를 다그쳐 행동에 옮긴다면 나도 멋진 사람이 될 수 있다.

🐦 3주차 완료! 정말, 정말, 정말로 하고 싶지 않았지만, 어쨌든 했다. 아자, 아자, 아자! 멜 로빈스가 항상 말하는 것처럼 '하고 싶은 기분은 결코 들지 않는다.' 3주차 운동이 끝났다.

운동을 시작한다는 생각만 해도 기가 죽는 기분이라면 앨리스의 경우를 보자. 영국에 사는 열아홉 살 소녀 앨리스는 정말 좋지 못한 상황에 처해 있다며 메시지를 보냈다. 앨리스는 이렇게 설명했다.

"불안 증세와 광장공포증으로 고생하고 있는데, 정말 너무 힘들었어요. 몸무게가 14킬로그램 넘게 늘어나면서 훨씬 비참한 기분이 들었고, 집안에만 더 틀어박혀 있었어요. 게다가 어떤 대학교에 들어가서 어떤 전공으로 학위를 따라는 부모님 때문에 압박감을 느끼면서도 부모님을 기쁘게 해드리기 위해 잘하고 있다고 나 자신을 설득했어요.

선생님의 강연 동영상을 보면서 생각했어요. '지금 이 상황이 정말 내가 원하는 건가? 몸이 이렇게 망가졌는데 괜찮은 건가? 내가 원하는 걸 얻을 자격이 있나?' 거짓말은 하지 않을게요. 시간이 걸리기는 했지만, 일주일에 한 번 정도 강연 동영상을 봤더니 욕구가 생겼어요."

앨리스에게는 솔직해지고 싶은 본능이 있었다. 당당하게 행동하고 자기의 인생을 통제하고 싶은 욕구가 있었다. 변하고 싶은 욕망이 있었다. 그녀는 실행에 옮겼다. 부모님에게 자신의 생각을 말했고, 전공도 바꿨다.

"제가 선택한 대학에서 합격 통보를 받아서 제가 선택한 전공으로 올해 10월부터 공부합니다. 지난 12월부터 건강에 좋은 음식을 먹고 적절한 운동을 시작하면서 체중이 13킬로그램 정도 줄었어요. 이 모든 게 다 5초의 법칙 덕분입니다.

선생님 시간을 너무 많이 뺏은 건 아니겠지요. 그래도 선생님 강연이 저한테 얼마나 큰 영향을 미쳤는지 꼭 말씀드리고 싶었어요. 아직 갈 길이 멀지만, 해이해지는 기분이 들 때마다 강연 영상을 다시 봐요."

당연한 말이지만, 앨리스가 했던 것처럼 하려면 용기가 필요하다. 내가 원하는 것을 솔직히 말하려면 용기가 필요하다. 당당하게 나서서 시작하려면 용기가 필요하다.

첫발을 내딛는 일이 가장 어렵다.

절제력을 잃거나 제자리에서 벗어나도 다시 돌아갈 수 있다. 제자리를 벗어나는 일은 정상이다. 그럴 기분이 들지 않는 날이 있다. 하지만 다시 스스로 통제할 수 있다는 점을 기억하자. 5초면 충분하다.

크리스틴은 자신의 인스타그램에 정말 중요한 메시지를 올렸다. "잠자리에서 일어나는 첫 번째 단계가 가장 어렵다. 하지만 그럴 만한 가치가 충분히 있다." 아무리 오랫동안 운동을 했어도 매일 운동을 시작할 때가 가장 어렵다.

> 📷 잠자리에서 일어나는 첫 번째 단계가 가장 어렵다. 하지만 스피닝 페달이 돌아가는 순간 정말 그럴 만한 가치가 있다.
> #5초의법칙 #운동화를_신고 #teambetty2016 #당당한_여자가_아름답다 #셀카짱_파이팅 #상급자_수업_향해 #키네틱

기상 챌린지를 통해 5초의 법칙을 시작하는 방법을 기억하자. '활성화에너지'를 경험할 수도 있다. 활성화에너지는 시작하기 위해 필요한 힘이고, 바로 크리스틴이 언급한 힘이기도 하다. 그녀의 말이 맞다. 그만한 가치가 있다. 변명거리를 이겨내고 내가 꿈꾸는 삶이나 미래, 멋진 몸매에 한 걸음 더 다가갈 수 있도록 스스로를 밀어붙이는 방법을 배우는 것보다 가치 있는 일은 없다.

스포츠센터에 가는 일이 건강 문제의 전부가 아니다. 병을 이겨내는 일처럼 훨씬 더 무서운 일과 관련이 있을 수 있다. 병을 치료하고 건강하게 살려면 매일 용기가 필요하다. 암 투병 등 건강

문제로 고통 받는 많은 사람들이 병마와 싸워 이기는 용기와 힘을 다시 찾는 법을 묻는다. 심각한 질병에 맞서는 내면의 힘을 찾기 위해 5초의 법칙을 이용할 수 있다.

그렉은 본받을 만한 대단한 사람이다. 그는 암 3기 진단을 받았지만, 열 번이나 마라톤을 완주했다. 그것도 암 진단을 받은 이후의 일이다. 정말 놀라울 따름이다.

🕊 암 3기 진단을 받은 이후 독일 함부르크에서 완주한 열 번째 마라톤. 덕분에 용기를 얻었어요, 멜. 고마워요.

마라톤을 한다는 것도 역시 건강 문제의 전부는 아닐 것이다. 매년 유방암 검사를 받을 정도로 용감하다는 의미와도 연관이 될 수 있다. 〈굿모닝 아메리카〉의 진행자 에이미 로박은 유방암 예방의 달을 맞아 생애 첫 번째 유방암 검사를 생방송으로 하자는 요청을 받았을 때 속마음은 이랬다. '절대 안 돼. 천만에!' 그녀는 유방암과 전혀 관련이 없었고, 사람들의 관심이나 끌어보려는 것처럼 보이고 싶지도 않았다.

그녀는 공동진행자이면서 유방암을 이겨낸 로빈 로버츠에게 조언을 구했다. 한 번도 유방암 검사를 받은 적이 없다는 에이미의 말에 로빈은 이렇게 말했다.

"에이미, 그게 중요한 점이야. 들어봐. 검진 받는 모습을 사람들이 보게 되는 상황이 얼마나 불편한지 내가 가장 잘 알지. 하지만 단 한 사람의 생명이라도 구하는 힘은 대단한 거야. 결코 후회하지 않을 거야. 장담컨대 한 생명을 구하는 일이야. 유방암 검사실에 걸어 들어가서 유방암 검사를 알기 쉽게 설명해주는 에이미의 모습만 봐도 누군가는 자신도 암에 걸릴 수 있다는 사실을 알게 될 거야. 유방암에 걸린 여성의 80퍼센트는 가족력이 전혀 없어."

에이미는 로빈의 말에 바로 마음을 정했고 유방암 검사를 하기로 결정했다. 그로부터 몇 주 뒤 에이미는 방송 중에 받은 유방암 검사 덕분에 목숨을 구했다는 사실을 밝혔다. 유방암 진단이 나왔던 것이다. 그녀는 두 번의 유방 절제 수술과 여덟 번의 화학 요법을 받았고, 지금은 완쾌되었다.

에이미는 유방암 검사를 받기로 결심할 때 5초의 법칙을 이용하지 않았지만, 중요한 순간에 로빈의 독려를 받아 5초 안에 결정을 내렸다. 다행스러운 일이었다. 옆에서 독려해줄 동료가 있는 운 좋은 경우가 아니라고 해도 언제든지 스스로 독려할 수 있다.

'5, 4, 3, 2, 1. 시작!'

건강해지는 일은 모두 행동에 옮기는 것과 관련이 있다. 찰리만큼 몸무게를 줄이거나 그렉처럼 마라톤을 완주하지 못할 수 있지만, 치과에 가거나 유방암 검사 혹은 전립선 검사를 받도록 나 자신을 독려할 수는 있다. 이 책에서 알게 된 많은 사람들이 그랬던 것처럼, 행동하도록 스스로를 독려하면서 얻은 달라진 인생은 온전히 내 것이다.

내 인생은 내가 선택한 결과다. 그리고 계속 반복해서 말하지만, 어떻게 행동할지는 항상 스스로 선택할 수 있다. 건강해지는 것이 목표라면 해야 할 일은 대개 간단하다. 따라할 수 있는 계획을 고른다. 어떤 계획이든 괜찮다. 그런 다음 '5, 4, 3, 2, 1' 숫자를 거꾸로 세고 바로 시작한다. 이후에는 아누크가 말했던 것처럼 정말로 하고 싶은 기분이 아니더라도 하루도 빠짐없이 실행하기로 선택하는 일만 남는다.

해야 할 일이 간단하지만, 쉽지는 않다. 하지만 분명 충분히 그럴 만한 가치가 있다. 운동과 건강은 간단한 규칙 하나로 요약된다. 하고 싶은 기분이 들 필요는 없다.

그냥 해야 한다.

1미터만 더 달려봐.
앞을 가로막는 건

아
무
것
도

없어.

🐦 날마다 1시간 이상 투자해서 주스를 만듭니다. 녹색, 보라색, 오렌지색, 붉은색의 신선한 주스가 내 인생을 바꿔놓았어요. 주스를 좋아하지만, 사는 게 그리 만만치는 않아요.

그래서 매일 오후 5시 반쯤 결재를 기다리는 마케팅 보고서와 제안서로 가득한 이메일을 확인할 때면 대개는 주스 만들기를 건너뛰고 싶은 기분이 듭니다. 하지만 그러지는 않아요. 절대로!

심호흡을 하며 생각을 해요. '이메일이 어디 가는 것도 아니고, 2시간 정도 회신을 늦춘다고 해서 누가 해를 입는 것도 아니지.' 그런 다음 '5, 4, 3, 2, 1' 숫자를 거꾸로 세고 주스를 만듭니다. 효과가 있어요. 매일매일요. @알렉산드라

9장
일상을 지배하는 모닝 루틴

행동하지 않으면 아무 일도 일어나지 않는다.
—마야 안젤루

생산성은 한 단어로 요약할 수 있다. '집중력'이다.

생산성을 높이려면 두 가지 유형의 집중력이 필요하다. 첫째, 당장 할 일에 순간적으로 집중할 수 있도록 방해 요인을 관리하는 능력이 있어야 한다. 둘째, 쓸데없는 일에 시간을 허투루 쓰지 않도록 전체적으로 봤을 때 나한테 정말 중요한 일에 전념하는 능력이 있어야 한다.

여기서는 두 가지 유형의 집중력과 집중력에 관한 최신 연구를 알아본다. 아울러 5초의 법칙을 이용해서 가장 중요한 일에 시간을 집중적으로 할애하는 법과 방해 요인이 갑자기 나타났을 때 대처하는 법을 살펴본다.

방해 요인
관리하기

집중에 방해가 되는 요인을 관리하는 것은 건강을 관리하는 일과 비슷하다. 결코 하고 싶은 기분이 들지 않지만, 실천하도록 만들어야 한다. 문자 메시지를 보내고 이메일을 계속 확인하는 행동처럼 손에서 스마트폰을 놓지 못하는 것이 집중에 방해가 된다는 사실을 이미 알고 있지만, 그런 행동을 그만두는 것은 불가능하다고 생각한다.

스마트폰을 진동 모드로 바꾸고, 5분마다 이메일을 확인하는 것을 그만해야 한다는 사실을 안다고 해서 행동이 바뀌지는 않는다. 이런 사소한 일들이 집중하는 데 얼마나 방해가 되는지 증명한 수많은 연구 결과를 보여줄 수 있지만, 그렇다고 행동이 변하는 것은 아니다. 5초의 법칙을 이용해야 하는 지점이다. 하고 싶은 기분이 들지 않기 때문에 하도록 스스로를 다그쳐야 한다.

먼저 방해 요인은 도움이 되지 않는다고 결론 내야 한다. 무엇이든 방해가 되는 것은 생산성에 좋지 않은 영향을 미친다. 연구에 따르면 개방형 사무실은 집중력을 유지하는 데 악몽 같은 조건이다. 이메일을 확인하는 일도 중독이 될 수 있다. 행동 연구자들이 말하는 '무작위 보상(random reward, 행동을 유도하기 위해 지속적인 보상보다는 예상치 못한 보상이 효과적이라는 이론 - 옮긴이)'이기 때문이다. 푸시 알림으로 얻는 것보다 내 목표가 훨씬 중요하다는 결론을 내려야 한다. 아주 간단하다.

그런 다음 방해 요인들을 제거한다. 고도의 지능이 필요한 일은 아니지만, 그렇다고 쉬운 일도 아니다. 하지만 5초의 법칙을 이용한다면 분명 할 수 있을 것이다. 방해 요인을 제거하고 중요한 일에 바로 집중할 수 있으면 얼마나 도움이 되는지 모를 것이다.

최근 고등학생이 된 딸애와 이 문제를 이야기했다. 켄달은 SNS를 너무 좋아해서 공부에 방해가 될 정도로 스마트폰을 보며 지내는 시간이 많다. 더구나 유명 연예인이나 슈퍼모델들의 SNS 사진을 끊임없이 그녀 자신과 비교하면서 불안해했다.

공부에 집중해야 할 때 SNS가 자신의 생산성을 떨어뜨린다는 것을 켄달 역시 알았다. 그녀는 SNS라는 방해 요인을 관리하는 최선의 방법은 유혹의 싹을 없애버리는 일이라고 결정했고, 스마트폰에서 인스타그램, VSCO 같은 사진공유 앱을 제거했다. 켄달의 말이다.

"인스타그램이랑 VSCO를 삭제하고 나서 내 인생에서 그게 얼마나 쓸모없는 것들인지 깨달았어요. 이런 앱이 스마트폰에 있었을 때는 무의식적으로 앱을 클릭해서 보고는 했어요. 이제는 깔려 있는 앱이 없으니 충동적으로 보는 일도 없어요."

집중력을 방해하는 것은 SNS 같은 최신 기술만이 아니다. 사라는 잡동사니가 가장 큰 방해 요인이라는 것을 깨닫고 행동에 옮기기로 결심했다. 모아놓고 싶은 감정을 이겨내려고 5초의 법칙을 이용했다. '5, 4, 3, 2, 1' 숫자를 거꾸로 세고 난 다음 많은 물건들을 기부하거나 판매하거나 재활용하거나 버렸다.

> 🐦 내 인생의 잡동사니를 치우기 위해 5초의 법칙을 이용하고 있어요. 감정 때문에 버리지 못하는 편인데, 점점 문제가 되더라고요. 그래서 5초 안에 결심하고 잡다한 물건들을 치웠어요. 정말 효과가 있더군요. 지난 몇 주 동안 많은 물건을 기부하거나 팔거나 재활용하거나 버렸어요. 쓸데없는 물건에 얽매이지 않으니 정말 개운하네요.

사라는 5초의 법칙을 이용해서 결심을 하고 잡동사니를 치워버리면서 더 이상 얽매인 기분이 들지 않는다. 켄달과 사라처럼 SNS나 주변 환경 때문에 방해받고 있다는 것을 알았다면 그때가 힘을 내야 할 시점이다. 방해 요인을 알게 되었다면 환경을 바꾸는 일만 남았다. '5, 4, 3, 2, 1' 5초 카운트다운 후에 방해 요인을 없앤다. 정말 간단한 일이지만, 보상은 확실하다.

두 번째 유형의 집중력을 터득하는 일은 더 힘들지만 효과가 더 크다. 전체적인 집중력을 키우는 일이다. 5초의 법칙을 이용해서 전체적인 집중력을 키우기 위해 내가 한 일은 별다른 게 아니다. 내 아침의 '지배자'가 된 것이다.

아침의 지배자가 된다

자신의 아침을 통제하는 일은 생산성을 위한 '게임체인저'다. 나는 이를 위해 모닝 루틴을 만들었고, 알리사도 그랬다. 그녀는 자신만의 모닝 루틴을 실행한 이후 삶을 '지배'하기 시작했다.

#월요병 #동기부여 #멜로빈스

멜 로빈스의 SNS 동영상에 약간 빠져 있다. 그녀의 메시지에 반해 5초의 법칙을 실시하고 있다. 아침에 일찍 일어나기(싫어하는 일이지만 좋아하기로 했다), 아침 거르지 않기(대개 아침은 먹지 않지만, 커피를 마신다), 한동안 스마트폰 건드리지 않기를 실천 중이다. 복잡한 머릿속이 정리된다. 확고한 목적을 설정하고 하루를 지배하자!

알리사가 말한 것처럼, 모닝 루틴을 정하고 그대로 따를 때 확고한 목적이 설정된다. 그렇게 반복하는 과정에서 놀라운 일들이 연이어 일어난다.

내가 모닝 루틴을 만들게 된 것은 댄 애리얼리 듀크대학교 교수 덕분이다. 애리얼리 교수에 따르면, 완전히 잠에서 깬 후 처음 2~3시간이 뇌를 위한 최고의 시간이다. 오전 6시 30분에 일어난다면 사고 기능과 생산성이 최고조에 이르는 시간은 오전 6시 30분에서 9시 사이인 셈이다.

보통의 가정이라면 대부분의 아침은 혼란 그 자체다. 반려견 밥을 챙겨주고, 아침식사를 준비하고, 세 아이에게 등교 준비를 시켜 나가는 데만 1시간 이상이 걸려서 생산성이 최고조에 이르는 시간이 그만큼 줄어든다. 내 하루의 지배자가 되기로 했다면 아침 시간을 허투루 보내지 않아야 했다. 더 일찍 일어나기부터 시작한 이유는 납치된 것처럼 정신없이 하루를 시작하기 전에 전체적인 관점에서 내 목표에 집중할 시간이 필요했기 때문이다.

나는 우선순위가 높은 일에 능숙하게 집중할 수 있도록 일과를 바꿨다. 나의 모닝 루틴은 이렇다.

STEP1 : 알람이 울리면 일어난다

기상 챌린지를 알아보면서 알람이 울리면 일어나는 일이 얼마나 중요한지 살펴봤다. 알람이 울리면 잠자리에서 일어난다. 그럼 끝이다. 최상의 생산성을 생각한다면 알람시계의 타이머 버튼을 누르는 일은 없어야 한다. 이 책을 쓰기 위해 조사를 하면서 알게 되었는데, 실제 신경학적 이유가 있다.

생산성을 위해서 충분히 숙면을 취하는 것이 중요하다는 사실은 다들 알고 있다. 하지만 자는 방법만큼 일어나는 방법도 중요하다는 사실은 몰랐을 것이다. 최근 과학자들은 타이머 버튼을 누르면 뇌 기능과 생산성에 부정적인 영향을 미치고, 그 영향이 4시간까지 이어질 수 있다는 것을 알아냈다. 주목해야 할 점이다.

우리는 90~110분 정도 이어지는 수면 주기에 맞춰 잠을 잔다. 일어나기 약 2시간 전 이 수면 주기가 종료되면 몸은 서서히 일어날 준비를 시작한다. 알람이 울릴 때 몸은 이미 기상 모드다. 타이머 버튼을 누르고 다시 잠을 자기로 한다면 뇌는 어쩔 수 없이 90~110분간 이어지는 새로운 수면 주기에 들어가게 된다.

15분 뒤 다시 알람이 울리지만, 뇌에서 결정, 주의, 각성, 통제를 담당하는 피질 부위는 여전히 수면 주기에 들어가 있다. 갑자기 한순간에 잠에서 깰 수 없고, 타이머 버튼을 누르면서 시작된 수면 주기를 끝내려면 적어도 75분이 더 지나야 한다.

비몽사몽인 상태를 벗어나고 인지 기능이 완전히 되돌아오려면 4시간까지 걸릴 수 있다. 타이머 버튼을 누른 다음 자다가 일어났을 때 정신이 혼미한 기분이 드는 이유다. 숙면을 취하지 못했기 때문이 아니다. 타이머 버튼을 누르는 순간 새로운 수면 주기에 들어갔는데 수면이 방해를 받았기 때문이다. 타이머 버튼을 누른 날 컨디션이 최고일 수는 없다.

그렇기 때문에 정말 농담이 아니라 알람이 울리면 타이머 버튼은 절대 누르지 말고 즉시 일어나야 한다. 협상의 여지가 없다.

STEP2 : 욕실에 가서 알람을 끈다

우리 부부는 침실이나 침대 옆 협탁 위에 알람시계나 스마트폰을 놓지 않는다. 내 스마트폰은 욕실에 있다. 누군가 전화를 하거나 아침에 알람이 울릴 때 벨소리가 들릴 정도로 가까운 거리지만, 유혹에 넘어가지 않을 정도로 먼 거리에 있다. 스마트폰을 침대 옆 협탁에 둔다면 무의식적으로 스마트폰을 집어 들고 그대로 침대에 누워 이메일을 읽는다. (분명 같은 경험으로 가책을 느끼는 사람이 있을 것이다.)

손닿을 곳에 스마트폰이 있다면 무심코 집어 들기 쉽다. 성인 중 대부분은 잠자리에서 일어나기 전에 이메일을 읽는다. 글로벌 회계컨설팅업체 딜로이트의 최근 보고서에 따르면 성인의 3분의 1, 35세 이하 성인의 절반은 한밤중에 일어나 스마트폰을 확인한다. 스마트폰과 알람시계를 욕실에 둠으로써 스마트폰에 손대는 습관을 이겨내고 숙면을 취할 수 있는 환경을 조성해보라.

STEP3 : 양치질을 하면서
이제 시작할 하루에 집중한다

세수하고 양치질하는 3~5분 사이에 나 자신과 나의 큰 목표를 위해 정말 하고 싶은 일을 생각하는 데 집중한다. 할 일을 적어놓는 목록이 아니라 반드시 실행해야 할 우선순위의 목록이다. 생각을 정리하고, 나의 목표나 꿈을 위해서 하고 싶지 않지만 반드시 해야 하는 한두 가지 일을 생각한다. 구체적이고 Specific, 분명하

고Measurable, 성취할 수 있고Achievable, 현실적이고Realistic, 시의적절
Timely하다고 해서 전문가들은 'SMART' 목표라고 한다. 분명 나에게 중요한 일이지만, 주로 정말 하기 싫은 사소한 일이다.

STEP4 : 옷을 입고, 잠자리를 정리하고, 주방으로 가서 커피를 한 잔 따른다

잠에서 깨어나 내가 아직까지 하지 않은 일을 눈치챘을 것이다. 스마트폰을 쳐다보거나 이메일을 확인하기 위해 인터넷에 접속하지 않았다. 그렇게 하는 순간 집중력을 잃게 된다는 사실을 알기 때문이다.

이메일을 확인하거나 뉴스를 읽거나 SNS 서핑을 하는 순간 타인의 우선순위 일들이 내 앞에 불쑥 끼어들게 된다. 빌 게이츠나 오프라 윈프리가 침대에 누워 SNS 서핑을 한다고 생각하는가? 절대 그렇지 않다. 우리도 마찬가지다. 우선 나 자신에게 집중하고, 하루 계획을 세울 때까지 이메일을 확인하지 않는다.

STEP5 : 한 가지에서 세 가지 정도 '반드시 할 일'과 중요한 이유를 적는다

사무용품 매장에서 구입한 싸구려 수첩에 오늘 해야 한다고

생각하는 일을 한두 가지 혹은 세 가지 정도 적는다. 모두 나 자신을 위한 일이어야 한다. 이 과정이 중요하다고 생각하는 두 가지 이유가 있다. 첫째, 나는 시각 정보를 선호하는 사람이다. 둘째, 캘리포니아 도미니칸대학교의 게일 매튜스 심리학과 교수가 실시한 조사에 따르면 자신의 목표를 적어두는 간단한 행동만으로 목표를 성취할 가능성이 42퍼센트 높아진다고 한다.

수첩에 할 일을 적어놓는다는 것은 하루 종일 보면서 잊지 않고 실행하겠다는 의미다. 이유를 함께 적어놓으면 왜 이 목표들이 중요한지 생각이 나면서 추진력을 다시 얻는다.

스마트폰 등 전자기기에 적어둔다면 잊어버릴 것이다. 나는 방에 들어갔을 때 두 번에 한 번은 무슨 이유로 왔는지 기억이 나지 않는다. 그렇기 때문에 직접 적어두는 식으로 내가 할 일을 잊지 않게 끊임없이 상기시킨다. 수첩에 적어두면 하루 종일 보게 되므로 시각적으로 힌트를 얻는다. 내가 할 일을 눈으로 보면 실행해야 한다는 생각이 난다. 노트나 달력이나 어디에나 쓸 수 있다.

STEP6 : 하루를 계획하는 30분의 시간을 갖는다

스마트폰을 확인하거나 인터넷에 접속하거나 이메일을 확인하기 전, 먼저 가장 중요한 할 일을 계획하고 종종 실행한다. 나는 이 시간을 '오전 7시 30분 전, 30분의 여유'라고 부른다.

그러니까, 오전 7시부터 30분의 시간을 들여서 하루를 계획한다. 이 시간 동안 해야 할 일 두세 가지를 시작하거나 그날 안에 할 수 있도록 계획을 짠다. 나는 막내 아이가 스쿨버스를 타러 나가는 오전 7시에 계획을 짠다. 성공적인 하루를 보내기 위한 중요한 시간이다. 할 일에 집중하도록 하루 계획을 세움으로써 그날의 목표를 효과적으로 실시하고 성공적으로 완수하도록 준비한다.

이렇게 30분을 활용하는 방식은 사무실에 들어가는 순간 실시할 수 없다. 집에서나 자주 가는 커피숍, 출근 기차 안에서 혹은 주차장에 차를 세워놓고 해야 한다. 농담이 아니라 정말이다. 사무실에 들어가 첫 번째 이메일에 회신을 하거나 첫 번째 전화를 받는 순간 그날 하루는 이미 끝난 셈이다.

수네 칼슨 교수는 CEO들이 엄청난 성과를 이룬 방법을 연구했다. 대단한 영향력을 발휘하는 CEO의 비밀은 무엇이었을까? 그들은 집에서 90분 정도 일을 했다. 그나마 집중할 기회가 있었기 때문이다. 그들은 또한 사무실에서는 20분마다 방해를 받는다고 답했다. 앞서 말했듯이, 방해 요인은 분명 생산성에 좋지 못한 영향을 미친다.

가장 중요한 일을 제일 먼저 계획하고 실행에 옮기는 데 또 무엇이 중요할까?

댄 애리얼리 교수의 말처럼, 일어나서 처음 2~3시간이 뇌가 내 개인적인 목표나 직업적인 목표를 성취하는 일에 집중하는 데 최적의 시간이라는 점을 기억하자. 그 시간을 중요하지 않을 일들로 채우는 것은 어리석은 짓이다.

이메일에 답장을 보내고, 전화를 받고, 회의에 들어가는 일은 하루 일정을 수행하는 하나의 방법일 뿐 인생에서 중요한 발전으로 이어지는 일이 거의 없다. 내 행복과 어려운 일에 집중할 시간을 마련하기 위해 아침에 일어난 뒤 처음 몇 시간은 나를 위해 할애해야 한다.

아침에 일찍 일어나고 하루의 계획을 꼼꼼하게 세우는 일에는 엄청난 혜택이 있다. 마리의 경우를 보자.

✉ 선생님 TED 강연이 정말 마음에 들어서 곧장 블로그에 글을 올렸고 책도 쓰기 시작했어요. 2주 정도 오전 5시에 일어나고 있는데, 그 혜택을 엄청나게 누리고 있습니다. 일상적으로 하는 일을 해치우기 위한 체크리스트로 일기를 쓰고 있습니다.

책에는 지난 1년 동안 내가 걸어온 길과 내가 얻은 성과가 요약되어 담길 겁니다.

마리는 일찍 일어나고, 체크리스트를 작성하고, 일상적인 일들로 아침을 시작함으로써 통제력을 발휘하고, 우선순위를 올바르게 정하고, 새 책을 쓸 수 있는 시간을 마련했다. 몇 주 뒤 나는 일상적인 모닝 루틴이 잘 지켜지고 있는지 물어봤다.

✉ 오전 5시 전에 일어나서 모닝 루틴을 실천한 지 오늘이 54일째입니다. 5초의 법칙 덕분에 추운 아침에도 지체 없이 벌떡 일어나서 첫 번째 할 일인 운동을 시작합니다.

마리가 54일째 자신의 생활을 스스로 감독하고 있다니 놀랍다. 토니 역시 매일 오전 5시에 운동하러 가는 방법을 찾았다.

🐦 한 달 전쯤 5초의 법칙 트레이닝에 참가한 이후 매일 오전 5시에 억지로라도 스포츠센터에 가고 있습니다.

이른 시간에 일어나서 곧장 운동하러 가는 일이 어렵다는 것은 알지만, '5, 4, 3, 2, 1' 숫자를 거꾸로 세면서 일어나기 싫은 감정을 이겨낸다면 하루를 스스로 관리하게 될 뿐 아니라 최고의 내 모습을 일깨울 수도 있다.

STEP7 : 퇴근 시간을 계획한다

조사를 통해 알게 된 점이 또 있다. 하루 일과를 계획할 때 일을 그만하는 시간도 계획한다. 매일 하루를 시작할 때 언제까지 일을 한 다음 가족과 시간을 보낼지 결정한다.

하던 일을 중단하거나 다른 일을 할 수 있게 마감 시간을 정하는 데는 두 가지 장점이 있다. 시간을 더 계획적으로 쓸 수 있고, 그렇게 해서 더 생산적인 사람이 될 수 있다.

'파킨슨의 법칙'이라는 것이 있다. 투자한 시간에 관계없이 일은 늘어난다는 이론이다. 그러므로 근무일에 마감 시간을 정하자. 마감 시간은 체력을 회복하고 정신 건강을 지키는 데 중요하다. 가족들과 함께 시간을 보내고, 뇌가 휴식하고 재충전하고 새로 고침 상태가 되기 위해 필요한 휴식 시간이다. 거짓말이 아니라 하루 업무를 마치기 위해 컴퓨터를 끄려고 억지로 '5, 4, 3, 2, 1' 숫자를 거꾸로 센 날이 생각보다 훨씬 많았다.

이렇게 하루를 보내는 일은 엄청나게 도움이 되었다. 매일 처리해야 하는 일들보다 우선순위를 먼저 생각했다. 알람이 울리는 순간부터 내 행동을 책임져야 하기 때문에 훨씬 자신감이 넘친다. 기회를 포착하는 판단력도 좋아졌다. 내 목표를 완수하기 위해 전체적으로 봤을 때 반드시 해야 하는 두세 가지 일을 정했기 때문이다.

정해진 일과에서 벗어나거나 정신이 산만해졌다고 느껴지는 순간에 필요한 것은 자극이다. 나는 5초의 법칙을 이용해서 '5, 4, 3, 2, 1' 숫자를 거꾸로 세고 제자리로 돌아온다. 효과적인 하루 일과는 어떤 식으로든 만들 수 있지만, 시작하는 법을 찾고 있다면 내 방식대로 시도해보자. 수많은 사람들이 모닝 루틴에 운동이나 명상 등을 성공적으로 추가하고 있다. 나에게 가장 잘 맞는 일은 무엇인지 주행 테스트를 하듯이 시험해본다.

내가 전하려는 메시지는 간단하고, 분명하고, 효과적이다. 각자에게 맞는 식으로 모닝 루틴을 계획한 다음 5초 카운트다운을 하고 실행에 옮긴다. 크리스티의 말처럼, 자신의 하루를 책임지는 일을 할 때 진정한 변화가 시작된다. 그녀는 회사에서 가장 높은 직위에 올라갔고, 여전히 열정적으로 일하고 있다.

🐦 가능할 거라고 생각해본 적이 없는 한계까지 내 자신을 밀어붙일 수 있다는 사실을 알았습니다. '5, 4, 3, 2, 1' 숫자를 거꾸로 세는 것만큼 간단하다는 것도요. 강연 고맙습니다. 무엇을 원하든 정말 열심히 한다면 이룰 수 있다는 걸 알았어요. 회사에서 높은 직위까지 올라간 대단한 사람들을 몇몇 만났고, 일할 때 도움이 되는 많은 조언도 받았지요. 머리 회전은 빨라지고 열정은 넘칩니다.

이제 여러분의 차례다.

시작을 준비하지 말 것.
준비되기 전에 시작하라.

🕊 나한테 얼마나 큰 도움이 되었는지 모를 겁니다. 짐작도 못 할 거예요. 하루도 빠짐없이 도움을 받고 있습니다. 진심으로 감사드려요. @캐런

🕊 선생님의 TED 강연을 보고 평상시보다 1시간 일찍 일어났어요. 하고 싶지 않은 몇 가지 사소한 일을 억지로라도 해보렵니다. 그만한 가치가 있겠지요. 고맙습니다. @몰핀

🕊 최근 들어 5초의 법칙을 정말 많이 이용하고 있습니다. 생산성을 높이고, 할 일에 집중하는 데 도움이 됩니다. 정말 고맙습니다! @제레미

10장
미루는 습관의 두 얼굴

시작하기 위해서 시작하라.
—윌리엄 워즈워스

    5초의 법칙은 미루는 습관을 없애기 위한 싸움에서 중요한 무기다. 이 무기를 활용하는 법을 살펴보기 전에 미루는 습관이 무엇인지 정의할 필요가 있다. 조사를 하면서 미루는 습관의 원인을 알고는 깜짝 놀랐다. 완전히 잘못 알고 있었기 때문이다.
    또한 미루는 습관에 두 가지 유형이 있다는 것도 놀라웠다. 마무리해야 할 일을 피하는 파괴적인 미루기와 창의적인 과정에서 중요한 부분을 이루는 생산적인 미루기가 있다.
    먼저 긍정적인 종류의 미루기부터 살펴보자.

생산적인
미루기

창의적인 프로젝트나 혁신적인 아이디어를 진행하고 있다면 미루기는 유익할 뿐 아니라 중요한 것으로 연구에서 나타났다. 창의적인 과정은 시간이 걸리기 때문에 며칠 혹은 몇 주 프로젝트를 미뤄두면 정신이 딴 곳에 갈 수 있다. 정신을 딴 곳에 파는 이 시간을 이용해서 프로젝트의 수준을 끌어올리는 기발하고 다양한 아이디어를 생각해낼 수도 있다.

생산적인 미루기는 특히나 속을 끓이면서 이 책을 쓰고 있을 때 알게 되어 무척이나 마음을 편안하게 해준 개념이다. 생산적인 미루기에 대해 알기 전에는 끊임없이 자책했다. 에너지가 다 소진된 기분이 들었고, 작가의 장벽에 빠진 것 같았다. 나는 형편없는 작가이거나 게으르거나 무능하다는 의미라고 생각했다.

사실 책을 쓰기까지 오랜 시간이 걸렸다. 나에게는 휴식과 정신적 방랑이 필요했고, 이 책을 마무리하는 데 7개월이 필요했다. 생각보다 오래 걸렸지만, 덕분에 책 내용이 훨씬 좋아졌다.

원하는 프로젝트 결과를 얻지 못하고 있다면 시간적인 여유를 갖고 다른 곳에 에너지를 집중했다가 나중에 신선한 시각으로 다시 실행하는 것도 방법이다. 창의적인 프로젝트를 진행하는 중이며 정해진 마감일이 없다면 몇 주씩 프로젝트에서 손을 떼고 다른 곳에 정신을 팔아도 '미루기'가 아니다. 창의적인 과정이다. 생산적인 미루기를 통해 얻은 참신한 아이디어 덕분에 더 독창적인 결과를 얻을 것이다.

파괴적인 미루기

파괴적인 미루기는 완전히 다른 종류다. 끝내야 하며, 그렇지 않을 경우 부정적인 결과가 있을 게 뻔한 일을 피할 때를 말한다. 이런 미루는 습관은 결국에는 화를 불러온다.

사람마다 도저히 할 수 없을 것 같은 일이 있다. 사진첩 새로 정리하기, 회계 정산표 분석하기, 제안서 마무리하기, 부모님 집 청소하기 등, 정말 끝내야 하지만 의도적으로 피하는 일이다.

"오랫동안 나에 관한 모든 것을 의심했다." 이블린은 스스로 일을 미루면서 이렇게 자책한다는 것을 깨달았다. 그녀는 5초의 법칙을 이용했고, 그 결과는 굉장했다. 이블린은 5초 카운트다운 방식을 알게 된 뒤 의구심을 떨쳐내고 일을 끝낼 수 있었고, 그런 자신의 모습에 감동했다.

> 어제 아침에 5초의 법칙을 이용해서 일어났어요. 수년 동안 내 자신의 모든 것에 의문을 품어왔어요. 시작했다가 그만두고, 의미 없는 존재라고 생각했다가 중요한 존재라고도 생각했다가 그랬지요. 거실, 주방, 식탁을 정리하고 산더미 같은 빨래도 해치웠어요. 끝내줬어요. 이제 시작일 뿐이에요. 감동했어요. 저도 결심했고, 남편도 결심했어요. 이제 준비가 됐어요.

아마도 이블린은 자신이 미루고 있는 이유를 알지 못했을 것이다. 대부분의 사람들도 마찬가지다. 오랫동안 사람들은 미루는 습관이 시간관리에 서투르거나 의지가 없거나 절제력이 부족하기 때문이라고 생각했다.

안타깝게도 많은 사람들이 잘못 생각하고 있었다. 미루는 것은 결코 나태하기 때문이 아니다. 그저 자기방어적 행동일 뿐이다.

미루는 습관과
스트레스와의 관련성

칼턴대학교 심리학과 티모시 파이킬 교수는 19년 넘게 미루는 행동을 연구해왔다. 파이킬 교수는 미루기를 유발하는 주원인이 일을 피하려는 경향이 아니라는 것을 알아냈다. 우리는 스트레스를 피하려고 하기 때문에 미룬다. 미루는 행동은 '지금 당장은 기분이 좋았으면 싶은 무의식적인 욕구'이기 때문에 조금은 스트레스가 해소된 것처럼 느낄 수 있다.

흔히들 사람들이 고의적으로 미루는 선택을 한다고 생각하는 실수를 한다. 사실 미루는 습관 때문에 속을 끓이는 사람들은 어찌할 바를 모르겠다는 답변을 한다. 당연한 반응이다. 우리가 미루는 진짜 이유를 이해하지 못하기 때문이다.

사람들이 미루는 것은 스트레스로 지친 기분이 들기 때문이다. 여기서 주목할 점은 일 때문에 스트레스를 받은 건 아니라는 사실이다. 돈이나 연인과의 관계 혹은 인생 그 자체처럼 더 큰 문제 때문에 스트레스를 받는다. 일이나 공부를 잠시 쉬고 15분 정도 인터넷쇼핑을 하거나 어젯밤 경기 하이라이트를 보는 일은 더 큰 스트레스로부터 벗어나 짧게나마 스트레스를 해소하는 것이다.

이는 정신 건강을 위해 감정을 소모하는 것과 비슷하다. 어렵다고 생각하는 것을 피할 때 우리는 안도감을 느낀다. 페이스북을 하거나 유튜브 영상을 볼 때, 또는 좋아하는 것을 할 때 순간적으로 도파민이 분출된다. 미루는 일이 잦아질수록 이런 행동을 반복할 가능성이 높아진다. 문제는 짧은 유머 동영상을 보며 소소한 위안을 얻는 동안 내가 피하고 있는 일은 점점 쌓여서 더 큰 스트레스가 된다는 점이다.

스콧이 바로 그런 경우였다. 그는 생각을 잊기 위해 도움을 받고 싶다며 나에게 연락을 했다. 그와 가까운 모든 사람들은 항상 이렇게 말했다.

"나를 망설이게 하는 사람은 바로 나 자신뿐이야."

맞는 말이다.

스콧은 생리학 실험실에서 연구를 하는 박사 과정 학생이다. 결혼을 했고, 부부는 세상에서 가장 귀여운 사내아이를 낳았다. 그는 자신의 인생을 이렇게 설명했다.

"집에서 모든 게 다 좋아요. 내가 아직 학생이어서 그런 거겠지만, 경제적인 스트레스가 심하다는 점만 빼고요. 제 고민은 일상생활에서나 학교에서나 실험실에서나 내 의무를 다하는 게 어렵다는 겁니다. 이제는 문제가 되기 시작했어요. 기본적으로 마감일을 놓치거나 누군가 짜증을 내는 상황이 될 때까지 계속해서 일을 미룹니다.

제 자신에 대한 기대치도 높고, 매일 밤 잠들기 전에 내일부터 새롭게 시작하고 에너지 넘치게 모든 일을 처리할 거라고 나 자신에게 말합니다. 하지만 그러고도 매일 실패하니 문제를 스스로 극복하겠다는 자신감은 점점 사라집니다. 내 잠재력을 제대로 발휘하지 못할 것 같은 기분이 들어서 짜증이 납니다."

스콧의 사연을 보면 자신에게 실망하는 악순환에 갇혀 있음을 알 수 있다. 제시간에 잠자리에서 일어나는 일로 힘들 때 내 기분이 그랬기 때문에 나는 충분히 공감이 간다. 피하지 말고 일을 시작해서 끝내야 한다는 것을 알지만, 그는 스스로 할 수 없는 것처럼 보인다.

스콧의 사연을 통해 우리가 미루고 꾸물거릴 때 실제 무슨 일이 일어나는지 알아볼 수 있다. 스콧은 그들 부부가 엄청난 경제적 스트레스를 받고 있다고 했다. 경제적인 스트레스는 기분 좋은 일이 아니다. 금전적인 문제로부터 벗어나 잠시나마 위안을 받기 위해 미루고 머뭇거린다는 이유도 된다. 기억하겠지만, 어려운 일 대신 쉬운 일을 할 때 순간 기분이 좋아지고 통제력을 느낀다.

직관에 반하는 행동처럼 보이지만, 스콧이 생리학 실험실에서 할 일을 계속 미루는 이유는 일상생활에서 받는 경제적 스트레스로부터 위안을 얻고 싶기 때문이다.

그렇다면 스콧은 어떻게 미루는 습관을 버릴 수 있을까? 다행스럽게도 연구를 통해 입증된 세 가지 간단한 단계가 있다. 5초의 법칙도 도움이 될 것이다. 스콧처럼 일을 피하거나, 이블린처럼 청소를 피하고 있다면, 매번 미루는 습관을 이겨내기 위해 5초의 법칙을 이용할 수 있다.

1단계 : 스스로를 용서하라

첫째로 전문가들은 미루는 행동에 대해 스스로를 용서하라고 조언한다. 칼턴대학교 심리학과 파이킬 교수는 공동집필한 논문에서 미루는 행동을 스스로 용서했던 학생들이 다음에는 미루는 일이 적은 이유를 다뤘다. 실없는 소리처럼 들리겠지만, 심리학자들이 밝혀낸 이유 가운데 미루는 습관이 있는 사람들이 실제 자기 자신에게 매우 엄격하다는 것도 있다.

트리시키는 자신을 용서할 수 있게 된 후 인생이 바뀌었다는 것을 알았다. 그녀는 자책하지 않고, 더 이상 미루는 일도 없다.

🕊 5초의 법칙! 멜 로빈스의 강연 영상을 꼭 찾아보길. 인생이 바뀔 거다. 내가 그랬던 것처럼 더 이상 자신의 신세를 한탄하지 않을 거다. 목표를 향해, 꿈을 향해 살자.

라이언의 사연에도 공감이 갈 것이다. 그는 사업을 시작하는 사람이라면 갖는 첫 단계의 고민을 보내왔다. 사업을 최대한 키우고 싶지만, 실패의 두려움 때문에 시간을 투자하고 실행하는 일이 너무나 어려워서 놀랐다고 했다.

🕊 방금 전 TED 강연을 봤습니다. 고민 상담을 하고 싶어서 검색해보고 이렇게 연락드립니다. 신제품 관련 사업을 시작하는 초기 단계고, 잘하고 있는 건지 조언을 얻으려고 인터넷 검색도 해봤어요. 사실, 경제적으로 넉넉한 형편은 아닙니다. 이 사업을 잘하고 싶은 마음은 있지만, 실패의 두려움 때문에 시간을 투자하고 실제 실

> 행에 옮기는 일이 얼마나 어려운지 알고 너무 놀랐습니다. TED 강연이 정말 큰 용기가 되었습니다. 성공하든 실패하든 적어도 나는 뭔가를 하고 있으니까요. 강연과 조언, 고맙습니다.

라이언의 마지막 말이 마음에 든다. "성공하든 실패하든 적어도 나는 뭔가를 하고 있으니까요." 자신에게 솔직해지고 원하는 일에 집중하는 것이 얼마나 어려운지 인정하는 데는 엄청난 용기가 필요하다.

앞서 소개했던 실험실에서 일하는 스콧도 마찬가지다. 그는 자신에 대한 기대치가 아주 높다고 했다. 그 때문에 매번 미룰 때마다 죄책감과 수치심을 느낀다. 부정적인 감정은 그에게 더 큰 스트레스가 된다. 스스로 문제를 극복할 수 있는 자신감이 점점 떨어지기 때문이다. 결국 스트레스가 더 쌓이고 일을 더 미루는 원인이 된다.

스스로를 용서하라는 조언을 스콧에게 적용해보자. 1단계로 스스로를 용서함으로써 미루는 행동-스트레스-자신감 하락의 악순환을 막는다. 상대방을 화나게 하고, 혼자 뒤처지고, 잠재력을 제대로 발휘하지 못하는 점에 대해 5초의 법칙을 이용해서 스스로 용서해야 한다. 경제적인 문제로 인한 스트레스 때문에 연구실에서 일을 미루고 있다는 것을 깨달았다면 자신감을 갖고 스스로 통제할 기회가 생긴 셈이다. 한편, 우리는 목표를 이룰 수 있도록 스스로 통제하기를 바란다. 내가 되고 싶었던 바로 그 사람이 지금 당장 나를 도울 수 있다.

2단계 : 미래의 내 모습을 생각하라

파이킬 교수 연구팀은 '현재 자아'와 '미래 자아'를 비교하는 수많은 연구를 해왔다. '미래 자아'는 내가 되고 싶은 사람이다. 흥미로운 점은 '미래의 내 모습'을 상상할 수 있을 때, 현재 노력해야 하는 객관적 타당성을 얻는다는 것이 연구를 통해 입증되었다.

디지털로 조작한 자신의 나이든 사진을 보여주는 실험에서 사람들은 노후를 대비해 저축을 하려는 경향이 높은 것으로 나타났다. 비전보드가 효과적인 이유가 설명이 된다. 비전보드는 '미래의 내 모습'을 상상하는 데 도움을 주고, '현재의 내 모습' 때문에 받는 스트레스에 대한 훌륭한 대응기제가 된다.

스콧은 현재의 모든 박사 과정 스트레스가 끝나고 '스콧 교수'가 되었을 때 자신의 삶이 어떨지 비전보드를 만들거나 머릿속으로 이미지를 떠올려보는 것이 좋다. 일을 미루고 있다는 생각이

드는 순간 스스로에게 이렇게 물어본다. '스콧 교수, 뭐하고 있는 겁니까?'

3단계 : 5초의 법칙으로 시작하라

"그럼 이제 시작해." 미루는 습관이 생기는 원인을 이해했을 때 파이킬 교수가 즐겨하는 조언이다. 시작의 중요성을 언급한 사람은 파이킬 교수만이 아니다. 전문가들에 따르면 새로운 습관을 들이는 가장 효과적인 방법 하나는 '시작 의식'을 만드는 것이다. 5초의 법칙만큼 좋은 시작 의식은 없다. 이제 모든 과학적 근거를 이해하고 있으므로 "그럼 이제 시작해"라는 조언이 효과적인 이유를 설명할 수 있다.

1. 미루기가 습관이라면 나쁜 행동 방식(회피하기)을 긍정적인 행동 방식(시작하기)으로 바꿔야 한다.

2. 망설이거나 더 쉬운 일을 하거나 어려운 일을 피하려는 모습이 보인다면 정말 해야 할 중요한 일을 시작하도록 5초의 법칙을 이용해서 '5, 4, 3, 2, 1' 숫자를 거꾸로 센 다음 스스로를 독려한다.

3. 미루는 버릇은 스스로 통제할 수 없다는 느낌을 준다. 자신

감을 갖고 시작한다면 그 순간과 내 인생을 통제하게 된다. 시작 의식은 '통제 위치'의 개념을 다시 한 번 상기시킨다.

다니엘라는 5초의 법칙을 이용하면서 할 수 있다는 자신감을 느꼈다. 그녀는 미루는 버릇을 이겨내서 직장생활뿐 아니라 자기 자신과의 관계를 개선하는 더 중요한 영역까지 도움을 받았다.

🐦 내 자신과의 관계가 좋아졌어요. 나를 더 신뢰하게 된 거예요. 할 수 있다는 자신감을 느꼈어요. '지금 뭔가 해.' 이 말은 내 주문이 되었습니다. 멜, 고마워요!

처음부터 계속 설명한 것처럼, '5, 4, 3, 2, 1' 숫자를 거꾸로 센 다음 노력을 기울이면 머릿속 생각의 기어가 바뀌면서 전전두엽 피질을 자극해 행동하도록 돕는다. 5초의 법칙을 이용할 때마다 미루기를 그만두고 그냥 시작하는 일이 점점 더 쉬워질 것이다.

어떤 일이든 마무리하는 비법은 스스로에게 말하고 곧장 시작하는 것이다. 하고 싶은 기분은 들지 않았지만, 어쨌든 행동하는 습관을 들이고, 이런 사고방식으로 마무리한다면 자신이 원하는 바를 얻게 될 것이다.

스콧의 경우, 5초의 법칙을 이용해서 5초 카운트다운을 한 다음 잠깐이나마 일을 하도록 스스로를 독려할 수 있다. 미루는 습관이 생긴 원인이 경제적인 스트레스라는 것을 알았기 때문에 스스로를 용서한다. 그리고 '스콧 교수'라는 미래의 모습을 상상하며 자제력을 발휘해서 책상 앞으로 돌아가 일을 시작할 수 있다. 경로를 이탈한다고 생각되면 '5, 4, 3, 2, 1' 숫자를 다시 거꾸로 센다.

5초의 법칙은 시작하는 일을 훨씬 쉽게 생각하도록 만든다. 스콧은 5초의 법칙 덕분에 일을 주도적으로 하고 경제적 스트레스에 잘 대처할 준비가 되었다는 기분이 들었다.

안드레 역시 미루는 버릇을 버리고 목표에 따라 행동하기 위해 5초의 법칙을 이용했다. 이제 열여섯 살이지만, 이미 미루는 습관을 이겨내는 법을 알고 있으며 책도 쓰기 시작했다. 그는 '준비가 되지 않았어', '너무 바빠', '머리가 좋지 않아' 등 항상 변명을 늘어놨다고 했다. 5초의 법칙은 이런 변명거리에 흔들리지 않고 책 쓰기를 실행하는 데 도움이 되었다.

🕊 내 생각에 따라 행동하겠다는 본능을 존중하기로 했습니다. 그렇게 해서 지역 봉사활동에 초점을 맞춘 모임에 합류하게 되었고,

이제는 회장을 맡고 있어요. 대학에 진학하고 학업 목표를 달성하기 위한 행동에도 들어갔습니다. 최근 내가 이룬 성과들은 하고 싶은 마음이 들면 5초 안에 결정해서 행동했기 때문이었어요.

지금 목표는 책을 쓰는 겁니다. 이제껏 행동에 옮기기 위해 시간을 투자하지 못했던 일입니다. 늘 핑곗거리가 있었거든요. '준비가 되지 않았어', '너무 바빠', '머리가 좋지 않아' 등… 목표를 적어놓고 거기서부터 하나씩 주도적으로 실행함으로써 변명거리에 흔들리지 않는 데 5초의 법칙이 도움이 되었습니다. 책을 쓰면서 창의력을 집중하라는 메모지를 볼 때마다 행동을 취하고 뭔가를 시도합니다. 5초의 법칙이 내 인생을 바꿔놓았습니다.

안드레의 이야기는 목표에 관계없이 스스로를 인정하고, 내면을 들여다보고, 행동을 취하고, 나아가 삶을 바꾸는 힘이 우리에게 있다는 사실을 보여준다.

시작하는 힘이 중요한 것은 전문가들이 말하는 '전진의 원리'를 활용할 수 있기 때문이다. 전진의 원리란 소소한 성공 등 어떤 종류의 전진이든 기분을 좋게 하고 행복 지수와 생산성 지수를 높이는 현상을 말한다.

게다가 프로젝트를 시작한다면 계속 진행하라는 신호를 보내기 위해 뇌의 메커니즘을 자극할 것이다. 앞서 언급했듯이 우리의 뇌는 마무리된 일보다 마무리되지 못한 일을 더 기억하는 것으로 연구에서 나타났다. 일단 시작하면 머릿속에서는 일을 끝내라고 계속 자극할 것이다.

알람시계의 타이머 버튼을 누르는 내 버릇이 일종의 미루기라고 했다. 이제는 그 이유를 이해한다. 타이머를 누르는 행동은 내 인생의 더 큰 스트레스로부터 잠시나마 멀어지게 하는 위안을 줬다. 지금 생각해보면 '시작 의식'을 만들어서 그 버릇을 버렸던 것 같다. 5초의 법칙이 나의 시작 의식이었다.

타이머 버튼을 누르는 버릇은 긍정적인 새로운 습관으로 바뀌었다. '5, 4, 3, 2, 1' 거꾸로 숫자를 세고 잠자리에서 일어나 하루를 시작하는 것. 7년이 지난 지금도 매일 아침 5초 카운트다운을 하고 잠자리에서 일어난다.

미루는 습관을 이겨내기 위해 5초의 법칙을 가장 효과적으로 활용하는 방법이 있다. 바로 스스로 시작하는 것이다. 소소한 일부터 시작한다. 한 번에 딱 15분 정도 내가 회피했던 일을 적극적으로 실행한다. 그런 다음 잠시 쉬면서 짧은 유머 동영상을 본다.

스트레스 해소를 위해 일을 하지 않는 휴식 시간을 둔다. 우리는 기계가 아니라 인간이다.

어려운 일을 할 때는 천천히 조심스럽게 해야 한다. 거듭 강조하지만, 나쁜 습관을 유발하는 감정을 이겨내지 못하고 그냥 시작하도록 나 자신을 독려하지 못한다면 결코 변할 수 없다.

방법을
찾지 못하면
변명거리를
찾게 될 것이다.

CHEER UP!

🕊 이번 주 LTEN에서 강연하는 모습을 봤어요. 그날 이후 5초 카운트다운 방식을 이용해서 매일 운동하고 있습니다. **@로쏘**

🕊 멜, 고맙다는 말을 하고 싶어서요. TED 강연 때문에요. 몇 개월 전쯤 봤어요. 그 이후 계속 나 자신에게 말해요. "그냥 전화해. 이메일 회신해. 바보 같은 일 마무리해. 하고 싶지 않지만 내가 원하는 걸 얻는 데 도움이 될 거야." 이 습관을 들이고 나서 대형 프로젝트를 마쳤기 때문에 기분이 좋아요. 멋진 강연 정말 고맙습니다! **@사이**

4부

생각을 바꾸는 용기

들어가기에 앞서
가장 행복한 사람이 되는 법

4부에서는 두려움을 이겨내고, 걱정을 멈추고, 불안감을 다스리고 치유하며, 사고방식을 바꾸기 위한 최신 전략들과 더불어 5초의 법칙을 이용하는 단계별 접근법을 알아본다.

CNN에 출연한 내 모습을 보거나 〈석세스매거진〉에 기고한 나의 칼럼을 읽어봤다면 내가 태어날 때부터 자신감이 대단했을 거라고 추측하기 쉽다. 유튜브에 올린 동영상이나 TED 강연 혹은 무대 위에서 연설하는 모습을 직접 봤을 때만 그런 추측이 설득력을 얻는다.

물론 지금은 자신감이 넘치지만, 태어날 때부터 그런 건 아니었다. 성인이 된 후 줄곧 깊은 불안감에 시달렸던, 겉모습만 외향적인 사람이었다. 내 자신감은 일상생활 속 용기 있는 행동을 오랫동안 연습해서 쌓아온 일종의 기술이다.

많은 사람들은 내가 25년 이상 불안 증세를 겪고 있다는 것을 알지 못한다. 첫딸 소이어를 낳고 산후 우울증에 걸린 탓에 출산 후 2개월 정도는 아기와 단둘이 둘 수 없을 정도였다. 공황 발작을 다스리기 위해 우울증 치료제를 거의 20년째 복용하고 있다. 머릿속 복잡한 생각 때문에 겪는 괴로움은 상당했고, 때론 두렵기까지 했다.

처음 5초의 법칙을 발견했을 때, 나는 행동을 바꾸기 위해 이 법칙을 이용했다. 5초의 법칙은 기적 같은 효과를 낳았고, 일상생활 속에서 용기 있게 행동하는 일이 몸에 배면서 자신감도 점점 커졌다. 하지만 불안감은 결코 사라지지 않았다. 내면 깊은 곳에서 부글부글 끓고 있는 것 같았다. 불안감이 솟구쳐올라 공황 상태에 빠지지 않도록 조절하면서 사는 법을 터득하는 데 집중했다.

4년 전 나는 5초의 법칙을 이용해서 내 실제 행동 이외의 것도 바꿀 수 있을지 궁금해졌다. 나는 내 생각을 바꾸고 싶었다. 5초의 법칙이 나의 다른 습관에 미친 영향은 경험했다. 그렇다면 불안감, 공황장애, 두려움 같은 정신적 습관을 개선하는 데 이용할 수 있지 않을까? 결국에는 사람들이 되풀이하는 습관일 뿐이니까.

나는 생각하는 방식을 바꾸기 위해 5초의 법칙을 이용하기 시작했다. 가장 먼저 걱정하는 습관을 버리는 데 이용했다. 걱정하는 마음을 다스리는 법을 터득하자 불안감을 다스리고 비행공포증을 이겨내는 데도 이용했다. 역시 효과가 있었다.

이 책에서 분명하게 밝힐 수 있다. "나는 불안감을 치유했다." 수년 째 우울증 약을 복용하지 않고 있으며, 공황 발작 없이 지내고 있다. 걱정하는 습관도 없어졌다. 비행공포증 역시 사라졌다. 삶의 질을 개선하기 위해 가장 잘한 일은 마음을 다스리고, 다른 곳으로 생각을 돌리고, 두려움에서 벗어나는 법을 배운 것이다.

나는 거의 걱정을 하지 않는다. 간혹 걱정이 되면 '5, 4, 3, 2, 1' 숫자를 거꾸로 세고 문제를 걱정하는 것보다 해결하는 쪽으로 생각을 바꾼다. 5초의 법칙을 이용해서 생각을 완전히 바꿨고, 지금껏 살면서 가장 행복하고 낙관적인 사람으로 지내고 있다. 내 생각은 방해가 되는 게 아니라 도움이 되고 있다.

이제 당신 차례다.

첫째, 5초의 법칙과 습관의 과학, 고마움의 힘을 이용해서 걱정하고 부정적으로 혼잣말하는 고질적인 습관을 깨는 법을 알게 될 것이다.

둘째, 불안감과 공황장애에 대해 자세히 살펴본다. 어떤 것이 해당하는 증상인지 아닌지 알게 될 것이다. 내 삶에서 불안감을 차단하고 불안 요소를 분석해서 결국에는 불안감을 없애는 단계적인 방법을 알게 될 것이다.

셋째, 두려움을 이겨낼 수 있다고 입증된 전략을 알아본다. 나의 비행공포증 극복 사례를 통해 두려움이 덮치지 않도록 '생각의 닻'과 함께 5초의 법칙을 이용하는 법을 알게 될 것이다.

인생은 놀랍다.
때로는 지독하다.
그러다가 다시 우리를 놀라게 한다.

인생의 놀라움과 지독함 사이에는
여느 때와 다름없는
평범한 일상이 있다.
놀라움을 자연스럽게 받아들이고,
지독함을 견디고,
일상 속에서 긴장을 풀고
숨을 내쉬자.

산다는 건 그런 것이다.
가슴 아프고, 영혼을 치유하고,
놀랍고, 지독하고, 평범한 것이다.
그리고
숨이 멎을 듯이 아름답다.

걱정은 습관이다

아직 주위에 남아 있는 아름다운 것들을 생각하고
행복하게 지내자.
―안네 프랑크

믿기 힘들겠지만, 우리는 걱정하는 법부터 배웠다. 어렸을 때는 끊임없이 걱정하는 부모님의 말을 들었다. "조심해라." "마스크 써야지. 감기 걸릴라." "TV 앞에 그렇게 가까이 앉으면 어쩌니." 성인이 되어서는 스스로 통제할 수 없거나 잘못될 수 있는 것들을 걱정하느라 너무 많은 시간과 에너지를 쏟는다. 인생의 황혼기에 가까워지면 그제야 후회한다.

걱정하는 습관을 버리는 것은 그 어떤 변화보다 가장 긍정적인 효과를 낳는다.

칼 필레머 박사는 코넬대학교 인간생태학과 교수이며 인

류 유산 프로젝트의 창립자다. 그는 인생의 의미를 논하기 위해 1,200명의 노년층 참가자를 만났고, 황혼기에 접어든 사람들 대부분이 동일한 후회를 하고 있다는 것을 알고 놀랐다. "인생에서 그렇게 많은 시간을 걱정하는 데 쓰지 말았어야 했는데…." 이들의 조언은 놀라울 정도로 간단하고 직설적이다.

"걱정은 소중하고 유한한 내 인생을 엄청나게 낭비하는 일이다."

걱정을 멈춘다.
이제부터 5초의 법칙을 통해 그 방법을 터득할 것이다. 걱정은 우리가 어딘가에 주의를 기울이지 않을 때 사고의 기본 설정 상태다. 부지불식간에 걱정을 하는 모습이 보이면 5초의 법칙을 이용해서 정신적 자제력을 되찾는 일이 중요하다.

예를 들어보자. 크리스는 최근 오토바이 운전면허를 따서 소형 중고 오토바이를 한 대 샀다. 어제 집에 있을 때 남편이 자동차 진입로에서 오토바이를 끌고 나가는 모습을 봤다. 남편이 오토바이를 타고 큰 길로 나가자 나도 모르게 걱정하는 마음이 들기 시작했다. 남편이 자동차에 치여서 죽는 건 아닌지, 남편이 사고를 당했다는 경찰의 전화를 받게 되는 건 아닌지 걱정이 되기 시작했다. 정말 5초도 되지 않아 걱정에 사로잡혔다. 순식간이었다.

알다시피 내가 걱정한다고 해서 남편의 안전이 보장되고 사고를 미연에 막을 수 있는 것도 아니다. 필레머 박사의 연구에 참여한 여든셋 노신사의 말처럼 내가 걱정을 해서 어떤 문제가 해결되는 것은 아니다. 남편이 오토바이를 타는 동안 그저 불안해지고 내 시간을 즐길 기회를 빼앗길 뿐이다.

걱정하는 마음이 들자마자 나는 5초의 법칙을 이용해서 '5, 4, 3, 2, 1' 숫자를 거꾸로 세고 긍정적인 것을 생각한다. 가령 남편이 오토바이를 몰고 나갈 때 미소 짓는 모습을 떠올린다.

재미있는 점은 남편이 또한 사이클 마니아라는 것이다. 트라이애슬론에도 참가하고, 매번 혼자 도로에서 65~80킬로미터 정도 사이클 훈련을 한다. 남편의 사이클 훈련을 걱정한 적은 없다. 하지만 겨우 1시간 동안 10몇 킬로미터 타는 오토바이는 걱정하고 있다. 물론 오토바이를 타다가 잘못될 수 있다. 그러나 대개는 아무 일도 일어나지 않는다.

걱정을 멈추기 위해 5초의 법칙을 이용하다 보면 얼마나 빈번하게 생각이 부정적으로 바뀌는지 놀라게 된다. 내 경우는 매일 그렇다. 정말 짜증이 난다. 그래서 날마다 그러지 않으려고 애쓴다. 생각을 바로잡기 위해 5초의 법칙을 열두 번 이상 사용해야 하는 날도 있다. 며칠 전만 해도 걱정하지 않으려고 몇 번이고 마음을 다잡았다.

두 딸이 페루에 봉사활동을 갔다가 돌아오는 중이었다. 나는 온종일 부정적인 생각을 하지 않으려고 애썼다. 비행기 추락 사고가 나진 않겠지, 비행기를 놓치지는 않을까, 안데스산맥 절벽에서 추락하면 어떡하지, 버스 사고가 난 건 아닐까, 짐을 잃어버린 건 아닐까, 공항에 발이 묶인 건 아닐까….

딸애들은 모두 무사했고, 5초의 법칙이 아니었다면 나는 하루를 망쳤을 것이다. 부정적인 생각이 들 때마다 혼잣말을 했다. "어머, 아니지. 그렇게 생각하면 안 돼." 그리고 미소가 절로 나오는 생각을 떠올렸다. 아이들이 그날 밤 주방에서 봉사활동 이야기를 쉴 새 없이 떠들어대는 생각을 했다.

사랑의 감정은 종종
걱정을 유발한다

걱정과 관련하여 또 놀라운 점은 이것이 아주 미묘한 감정이고, 매우 신속하게 생각을 마비시킨다는 사실이다. 행복이나 사랑의 감정을 느끼는 순간 얼마나 빈번하게 걱정하기 시작하는지를 깨닫고 깜짝 놀랐다.

올 봄, 열일곱 살 딸을 보고 있을 때 나에게 일어났던 일이다. 갑자기 감정이 격해지더니 순간적으로 사랑의 감정이 밀려오는 것을 느꼈다. 그러더니 난데없이 온갖 걱정들이 머릿속에 마구 떠올랐다. 두려움밖에 느낄 수 없었다.

나는 큰딸 소이어와 쇼핑몰에 있었다. 딸애가 고등학교 졸업 파티에 입을 드레스를 고르던 중이었다. 아주 긴 오후였다. 세 번째로 들어간 매장에서 40벌이 넘는 드레스를 입어봤지만, 마지막 한 벌까지도 마음에 들어 하지 않았다. 근사해 보인다고 말해도 딸애의 기분만 더 나빠졌다.

탈의실에 같이 들어가서 퇴짜를 받은 드레스를 옷걸이에 다시 걸어놓고 다음에 입어볼 드레스를 건넸다. 딸애의 마음에 드는 드레스를 찾지 못할까 봐 노심초사했다. 나는 다른 드레스를 건네며 말했다. "세 벌 더 입어보고 여기서 나가자." 편하게 입어보라고 탈의실을 나와 남편에게 전화를 걸었다.

갑자기 딸애가 소리쳐 나를 불렀다.

"엄마, 좀 들어와 줄래요!"

딸애의 말뜻을 읽어보려고 했지만, 울고 있는 건지, 짜증이 난 건지, 지퍼가 고장 나서 도와달라는 건지 아니면 또 다른 이유가 있는지 분간이 가지 않았다. 탈의실 문을 열었다. 바닥에 끌리는 드레스 차림의 딸애 모습이 거울을 통해 보였다. 한마디로 말문이 막힐 정도였다. 완벽했다. 드레스는 살구빛깔이었고 옆에는 핑크빛깔의 하늘거리는 천이 덧대어 있었다.

하나부터 열까지 전부 딸애가 원하던 드레스였다. 번쩍거리지도 않고 레이스도 없고 밝은 색에 등이 드러나는 디자인이었다. 거울 속에서 서로 눈이 마주쳤다.

"엄마, 어떤 거 같아요?"

눈물이 흐르는 게 느껴졌다. 누군가를 정말 사랑할 때 온몸을 휘감는 것 같은 감정을 딸애가 아주 어렸을 적 똑같이 느꼈던 일이 기억났다. 딸애가 잘 자고 있는지 확인하려고 한밤중에 일어나고는 했다. 아이 방에 홀로 서서는 양손은 머리 위로 올린 채 누워 자고 있는 딸애의 모습을 보면서 물밀듯이 밀려오는 사랑의 감정을 느꼈고, 누군가를 그렇게 사랑할 수 있는 내 자신에게 놀라고는 했다. 심장이 터질 것 같은 기분이었다.

이날 쇼핑몰 탈의실 밖에 서 있을 때 내 기분이 그랬다.

그러다 걱정이 밀려오더니, 그 순간을 앗아갔다. 느닷없이 딸애의 대학 입학 장면, 결혼식 장면, 엄마가 되는 장면, 멀리 떨어져서 사는 상황, 시간이 지나 더 늙어서 내 인생이 끝나는 장면이 떠올랐다. 내 인생이 눈앞에서 스쳐 지나갔고, 찰나의 순간이지만 딸애를 잃는다는 기분이 들었다. 슬픔과 상실감에 압도되었고 눈물이 차올랐다.

감정이 벅차오르는 내 모습에 딸애는 드레스 때문이라고 생각했다. "아, 엄마. 울지 마요. 나도 울 거 같잖아요." 하지만 나는 울고 있었다. 딸애가 자라는 게 너무나 두려웠기 때문이다. 시간이 너무 빨리 지나가서 삶의 속도를 늦추고 싶었기 때문이다.

그 순간의 모든 즐거움을 걱정 때문에 빼앗겨버렸다. 나를 딸한테서 멀리 떨어뜨리고 내 머릿속 어두운 곳으로 몰아갔다. 그 순간에 충실하고 딸의 아름다운 모습에 감탄하는 대신 나는 두려움을 느꼈다.

걱정과 두려움은 이런 식으로 머릿속을 장악하고 인생에서 마법 같고 경이로운 순간들을 빼앗아간다. 브레네 브라운 박사는 《대담하게 맞서기》를 집필하기 위한 사전 조사에서 이와 똑같은 현상을 확인했다. 즐거운 순간 최악의 시나리오를 생각하는 일은 놀랍게도 흔한 현상이었다. 가령 아이를 안아주는 즐거운 순간에도 아이에게 나쁜 일이 일어날 것을 걱정한다.

그렇다면 감정을 누그러뜨리고 기쁨을 느끼기 어려운 이유는 무엇일까? 상처받기 쉬운 성향을 드러내고 싶지 않기 때문이라고 브라운 박사는 말한다.

"99.999%의 경우, 내 머릿속에 만든 현실은 가짜였습니다." 하인이 나에게 보낸 메시지에서 마음에 가장 와 닿은 부분이다. 슬프거나 우울하거나 의구심이 들거나 부정적인 생각이 들 때 동조할 필요는 없다.

🕊 처음 TED 강연을 보고 난 뒤 자신감을 쌓는 일뿐 아니라 정체

성을 확립하는 데 내 내면의 옳지 못한 목소리가 얼마나 큰 적인지 깨달았습니다. 결정을 내릴 때마다 나에 대한 의구심과 다른 사람들의 생각을 걱정하는 마음에 영향을 받았어요. 99.999%의 경우, 내 머릿속에 만든 현실은 가짜였습니다. 나에게 가장 큰 숙제는 다른 사람들이 나를 어떻게 생각하는지 걱정하지 않는 일입니다. 다른 건 없더라고요. 파이팅! 의욕을 북돋아 준 점 대단히 고맙습니다.

하인과 내가 경험한 것처럼, 내면의 목소리가 적이 되고 있다고 생각한다면, 걱정을 멈추고 5초만 지나면 자제력을 회복할 수 있다는 사실을 깨닫는 것이 중요하다.

나는 조용히 속으로 숫자를 세기 시작했다. '5, 4, 3, 2, 1' 숫자를 세면서 마음속에서 두려움이 서서히 줄어드는 것이 몸으로 느껴졌다. 숫자 세기를 통해 감정에서 벗어나 현실감각을 찾았다. '걱정'에서 '집중'으로 생각의 기어를 바꿨다. 내 두려움이 딸애와의 이 소중한 경험을 앗아가지 않도록 했다. 걱정하는 습관 때문에 현재에 충실하지 못하고 머릿속에 추억의 사진을 남기지 못하는 일이 벌어지게 두지 않았다.

스스로에게 두 가지 간단한 질문을 했다. '지금 이 순간 내가 고마운 것은 무엇일까? 무엇을 기억하고 싶은 걸까?' 이 간단한 질문은 우리 뇌에 영향을 직접적으로 미친다. 질문에 답하기 위해 인생, 인간관계, 직장생활을 되짚어보고, 그 순간에 답을 찾아야 한다. 어쩔 수 없이 인생의 긍정적인 면에 집중하게 된다.

고마운 마음이 드는 것을 생각하는 순간, 걱정 대신 고마운 마음이 들기 시작한다.

나에게 이 질문의 답은 분명했다. 이렇게 멋진 숙녀가 내 딸이라는 점이 고마웠다. (그리고 3시간 만에 극적으로 드레스를 골랐다는 점도 고마웠다.)

인생에 완벽한 것은 없다. 아무것도 완벽하지 않다. 하지만 5초의 법칙을 이용해서 걱정하는 마음을 잠재우고 소소한 모든 순간에 감사하는 방법을 배울 수 있다.

고마움을 느끼는 것은 그저 기분 좋은 상태가 아니다. 신경과학자 알렉스 코브에 따르면, 고마움을 느끼면 도파민을 생성하는 뇌간 부위가 자극됨으로써 뇌에서 분비되는 신경전달물질이 변한다.

걱정이 사라지자 나는 심호흡을 한 뒤 피팅룸으로 들어가 딸애에게 다가서서 한 손을 아이의 어깨에 올려놓았다. 거울 속에서 서로의 눈이 마주쳤다.

"그러니까, 엄마, 어떤 거 같아요?"

"네 남자 친구 루크가 기절할 것 같은데. 정말 예쁘구나."

무서워해도
괜찮아.
무서워한다는 건
정말로 용감한 일을
하겠다는 거니까.

🕊 캘리포니아 행사에서 선생님을 봤습니다. 행사에는 거의 참가하지 않았어요. 온통 걱정거리뿐이고 다섯 살 딸아이를 두고 가는 게 마음에 걸렸거든요. 이혼 절차도 밟고 있었어요. 하지만 이번에 행사에 갔다가 거기서 선생님을 만난 거예요. 덕분에 큰 용기를 얻었어요. 평소 하지 않던 일을 하도록 했으니 5초의 법칙을 알기도 전에 이미 이용했던 거예요. 행사에 가 있는 동안 매일 울었어요.

지금도 매일 5초의 법칙을 이용하고 있습니다. 운동할 때뿐만 아니라 감사하는 마음을 잊지 않으려고, 슬프지 않으려고, 더 이상 결혼생활에 미련을 두지 않으려고 5초의 법칙을 이용해요. 아직 확신은 없지만, 괜찮아요. 인생에서 완벽한 것은 없다는 사실을 배우고 있어요.

고맙습니다. @케이티

12장
불안을 이해하라

마음을 다스려라.
그렇지 않으면 마음이 너를 다스릴 것이다.
―〈오라스〉 중

　　불안감은 걱정하는 습관이 통제불능 상태가 될 때 나타난다. 평생 불안감 때문에 고통받아온 사람으로서 나는 불안감이 얼마나 무섭고, 어떻게 사람의 마음을 지배하는지 너무도 잘 알고 있다. 또한 불안감을 이겨내는 방법도 안다. '관점 바꾸기'라는 전략과 5초의 법칙을 함께 이용하는 것이 답이다.

　　불안감을 이겨내는 비법은 '이해'에서 시작한다. 불안감이 드는 순간을 제대로 포착해서 관점 바꾸기를 시도한다면 완전히 공황 상태에 빠지기 전에 마음이 차분해질 것이다. 지속적으로 5초의 법칙을 반복해서 사용하면 불안감이 약해지고 통제불능 이전의 상태인 단순한 걱정거리로 되돌아간다. 이미 알아봤듯이 걱정하는 습관은 고치기 쉽다.

나는 태어날 때부터 불안했다. 어렸을 적 나는 신경성 위염을 앓았고, 온갖 일을 걱정했다고 부모님은 말씀하셨다. 캠프에 가면 향수병에 시달려서 집에 빨리 가야 하는 그런 아이였다. 대학 때는 이름이 불리면 얼굴이 홍당무처럼 빨개지는 학생이었다. 파티에서 멋진 남자한테 말을 걸려면 용기를 내기 위해 술의 힘이 필요했다. 술의 힘이 없으면 긴장해서 목에 두드러기가 났다.

공황 발작은 로스쿨에 다니던 20대 초반에 시작되었다. 공황 발작이 일어나면 심장마비에 걸린 것 같은 기분이 든다. 공황 발작이 일어나는 데는 두 가지 이유가 있다. 첫째는 사람들 앞에서 연설을 하거나 시험을 앞두거나 비행기에 타는 등 무서운 일을 해야 할 때이고, 둘째는 아무 이유가 없다.

공황 발작을 겪어본 적이 없다면 그 느낌은 아무런 맥락도 없이 몸과 마음이 '일촉즉발'의 경험을 할 때라는 설명이 가장 적절할 것이다. 정말 단순한 비유를 통해 설명을 해보자.

평범한 공황과
공황 발작의 차이

인생에서 당황하게 되는 경우가 수없이 많지만, 지극히 정상적인 일이다. 자동차를 운전하면서 간선도로에서 차선을 바꾼다고 생각해보자. 갑자기 난데없이 자동차 한 대가 옆쪽에서 급히 다가오더니 앞쪽으로 불쑥 끼어드는 바람에 급히 방향을 바꿨지만 거의 충돌할 뻔했다.

간선도로에서 '일촉즉발'의 상황이 벌어지면 아드레날린이 분출되어 온몸 구석구석 퍼지는 느낌이 든다. 가슴이 두근거리고 호흡이 가빠진다. 부신피질에서 분비되는 스트레스 호르몬인 코르티솔이 급증한다. 몸이 초긴장 상태로 들어가서 자동차의 움직임을 제어한다. 진땀이 조금 날 수도 있다.

몸이 당황하게 되면 머릿속에서는 즉시 그 이유를 찾으려고 한다. 뇌는 자동차 충돌 사고가 일어날 뻔했다는 것을 알고 있고, 몸이 긴장한 것도 그 때문이다.

몸이 당황한 이유를 머릿속에서 설명할 수 있다면 불안감이 커지지는 않는다. '위험'이 지나갔다는 점을 알기 때문에 우리 뇌

저 트럭이 거의 칠 뻔했어!

왜 당황했는지 이해가 되네.
다 괜찮아.

는 몸이 진정이 되도록 둔다. 일상은 다시 정상으로 돌아가고, 다음에 차선을 변경할 때 조금 더 주의를 기울인다.

공황 발작은 동일한 '일촉즉발'의 느낌이 이전에는 한 번도 그런 적이 없다가 느닷없이 몸과 마음에 급속히 퍼지는 경우다. 도로에서 거의 자동차 충돌 사고가 날 뻔했을 때 그랬던 것처럼, 주방에 서서 커피를 따르던 중에 난데없이 아드레날린이 분출된다.

심장이 마구 뛰고 호흡이 가빠진다. 진땀이 조금 날 수 있고 부신피질이 급증한다. 몸은 초긴장 상태에 빠진다. 머릿속에서는 서둘러 그 이유를 이해하려고 애쓴다. 합당한 이유가 없다면 머릿속에서는 실제 위험에 빠진 거라고 생각한다. 머릿속에서는 소리를 지르고, 두려움이 커지면서 위험이 임박했다고 생각한다.

심장이 마구 뛰기 시작하면서 머릿속에서는 몸에 무슨 일이 일어났는지 이해하고 어떻게 보호할지 결정하려고 서둘러 이유를 찾는다. '심장마비가 온 거 같아.' '다음 달에 정말 결혼하고 싶지 않아.' '해고 당하나 봐.' '죽나 봐.'

머릿속에서 적절한 이유를 찾아내거나 만들어내지 못한다면 불안감은 더욱 가중되어 물리적으로 상황을 피하고 자리를 벗어나고 싶어 한다. 공황 발작에 빠진 사람들을 보면 몸이 긴장하고, 시선은 주변을 살피고, 생각은 두서없고, 자동차 헤드라이트를 본 사슴 같은 표정을 짓고, 갑자기 자리를 뜬다. 악순환의 고리다. 나 역시 한동안 이 고리에 갇혀 있었다.

오랫동안 나는 정상적인 수준의 공황과 공황 발작의 차이점도, 불안감이 고조될 때 뇌의 역할도 이해하지 못했다. 전문 치료사를 찾아갔고, 공황 상태에 빠지지 않으려고 온갖 인지적 방법을 시도했다. 증상이 아주 심해져서 공황 발작 그 자체가 두려워졌고, 이런 두려움 때문에라도 공황 발작이 생길 지경이었다.

마침내 그냥 졸로프트를 복용했다. (우울증 치료제인 졸로프트

그냥 커피 끓이고 있었는데
공황 발작이 온 거 같아.

도대체 무슨 일인거야?
뭔가 잘못된 게 틀림없어.

는 20년 가까이 기적 같은 효과를 낳았다. 공황 상태의 늪에 빠져 헤어나올 수 없다면 약이나 전문가의 도움을 받도록 한다. 치료의 대안이 되지는 않더라도 삶이 달라질 수 있다.) 그리고 평생 졸로프트를 복용하게 될 거라고 생각했다. 당시 우리 부부에게는 아이들이 있었고, 세 아이 모두 제각각 불안 증세로 힘들어하기 시작했다. 걱정하는 수준을 훨씬 뛰어넘었다. 불안 증세는 세 아이의 삶에 영향을 미쳤다. 친구 집에서 자고 오는 일이 없어졌고, 우리 부부의 침실 바닥에서 잠을 잤고, 모든 걸 걱정했다.

아이들은 자신의 불안 증세에 이름을 각각 붙였다. 오클리는 '올리버', 소이어는 '어쩌면 고리'라고 불렀다. 한번은 소이어가 나에게 다가와 이렇게 말했다.

"내 머릿속에 '어쩌면 고리'가 있는 거 같아요. '그러면 어쩌지' 생각을 하면 도저히 '어쩌면 고리'에서 빠져 나올 수가 없어요. '그러면 어쩌지' 하고 생각하는 일은 늘 있잖아요."

불안에 시달리는 일이 얼마나 무서운지 알기 때문에 내 아이들이 고통받고 두려워하는 모습을 보는 것은 지독히도 마음이 아팠다.

정말 생각지도 못한 일이었고, 아무것도 효과가 없었기 때문에 아이들이 불안 증세에 대처하도록 돕는 일에 답답함을 느꼈다. 전문가를 찾아갔고, 온갖 방법을 시도해봤다. 아이들이 두려움을 피하지 않고 마주하면 상을 주는 게임도 만들었다. 하지만 상황은 나빠지는 것만 같았다.

졸로프트를 끊었기 때문에 약의 도움 없이 내 불안감을 있는 그대로 마주할 수 있었다. 불안 증세를 제대로 이해하고 이겨내는 법을 찾고 싶었다. 내 아이들이 불안 증세를 이겨내도록 돕고 싶었다.

불안을 진정시키려는 시도는
효과적이지 않다

내가 오랜 시간 상담 치료를 받았던 전문가들은 TV 채널을 돌리듯이 다른 것을 생각하라고 조언했다. 단순히 걱정하는 수준이라면 효과적인 방법이지만, 심각한 수준의 불안 증세에는 통하지 않았다. 이유가 있다. 불안해지면 몸도 긴장 상태가 된다. 상대방에게 진정하라고 말하는 것은 시속 100킬로미터로 가던 차를 갑자기 세우라는 것과 다름없다. 화물열차 앞으로 돌멩이 하나를 던져 열차를 세우려는 것과 같다. (그러면 열차는 탈선한다.)

〈행동 연구와 치료법〉에 실린 연구에서 달갑지 않은 생각을 본능적으로 억누르려는 사람들은 결국 그 생각 때문에 더 괴로움을 겪는 것으로 나타났다. 맞는 말이다. 자신에게 진정하라고 말할 때 불안감이 더 심해진다. 불안감과 싸우고 있기 때문이다.

공황 상태가 무엇이며 어떻게 나타나고 공황 상태가 악화될 때 뇌는 어떤 역할을 하는지 이해하면 이겨낼 수 있다.

두 가지 방법을 같이 사용하면 아주 효과적이다. 5초의 법칙을 이용해서 머릿속 생각을 통제한 다음 불안을 흥분이라고 관점을 바꾸는 것이다. 그렇게 하면 불안감은 커지지 않고 몸의 긴장은 가라앉는다. 방법은 이렇다.

우리 몸은 흥분과 불안을 동일한 것으로 느낀다

나는 '관점 바꾸기 전략'을 강연할 때 처음 사용했다. 강연에 관한 질문을 수없이 받는다. 특히나 사람들 앞에서 말할 때 두려움과 긴장감을 어떻게 극복했는지 많이들 물어본다. 내 답변에 사람들은 항상 놀란다. "두려움과 긴장감은 전혀 극복하지 못했어요. 나한테 유리하게 이용하고 있을 뿐이에요."

나는 직업 강연자다. 수없이 많은 강연을 한다. 2016년에는 미국에서 가장 강연 의뢰를 많이 받는 여성 강연자가 되었다. (1년에 무려 98차례 강연을 했다!) 강연을 할 때 당연히 긴장을 한다. 단 한 번도 예외 없이 매번 그렇다. 하지만 여기에 비결이 있다. 나는 '긴장'했다고 말하지 않고 '흥분'했다고 말한다. 생리적으로 불안과 흥분은 똑같기 때문이다.

다시 한 번 말하지만, 몸에서 느끼기에 불안과 흥분은 똑같다. 유일한 차이점이라면 머릿속에서 어떻게 부르는가이다. 앞서 살펴본 일촉즉발의 사례에서처럼, 몸이 긴장한 이유를 머릿속에서 제대로 설명할 수 있다면 긴장감은 고조되지 않는다.

공식적인 내 첫 강연은 샌프란시스코에서 열렸던 TED 강연이었다. 박사님들이 차례대로 나와서 강연하는 것을 무대 뒤에서 들으며 했던 생각이 기억난다. '정말 말도 안 되는 상황에 스스로 걸어 들어왔어. 저렇게 똑똑한 사람들에 비해 난 완전히 바보 멍청이같이 보일 거야.'

손바닥이 땀으로 축축했다. 심장이 두근거렸다. 얼굴은 화끈 달아올랐다. 겨드랑이에서는 땀이 나이아가라폭포처럼 떨어졌다. 몸은 행동할 준비를 하고 있었다. 준비 태세에 들어갔다. 하지만 속으로는 긴장하고 있었다. 몸에 나타나는 모든 반응을 곧 나쁜 일이 벌어질 거라는 징조라고 여겼고 긴장감은 더욱 커졌다.

어처구니없는 이야기처럼 들리겠지만, 6년이나 지났고 수백 차례 강연했음에도 불구하고 여전히 무대 뒤편에 섰을 때 몸에 나타나는 반응은 변함이 없다. 손바닥은 땀으로 축축하고, 심장은 두근거리고, 얼굴은 화끈 달아오르고, 겨드랑이에서는 땀이 흐르기 시작한다. 생리학적으로 봤을 때 나는 흥분 상태에 있다. 이제 곧 행동에 들어갈 것이고, 몸은 준비하고 있다. 두려움도 똑같이 느낀다. 단지 긍정적인 방향으로 생각할 뿐이다.

강연을 할수록 내가 말하는 내용에 확신이 생기고 편안해졌다. 하지만 내 능력에 자신감이 생겨도 몸에 나타나는 반응은 사라지지 않았다. 멋진 일을 하기 위해 내 몸이 준비하는 방식일지도 모른다는 생각이 들었다. 그때부터 긴장했다고 말하는 대신 흥분한 거라고 속으로 말했다.

흥분한 거라고 말하자

나의 '비결'이 과학적 이론과 관련이 있다는 것을 전혀 알지 못했다. '불안 재평가'라는 이론이다. 불안감을 흥분 상태라고 관점을 바꾸는 일은 정말 효과가 있다. 강력한 효과만큼 간단하다. 하버드경영대학원 앨리슨 우드 브룩스 교수는 수차례 연구를 통해 불안 재평가 방법이 불안감을 낮추는 데 효과가 있을 뿐 아니라 수학시험, 연설 등을 할 때 수행 능력이 더 좋아진다는 점을 입증했다.

간단히 말하면, 불안은 일종의 긴장 상태이기 때문에 진정하려는 것보다 긴장되는 기분을 흥분 상태일 뿐이라고 머릿속에 납득시키는 편이 훨씬 쉽다. 노래를 부르는 일부터 카메라 앞에서 강연을 하거나 수학시험을 보는 일까지 다양한 실험에서 "흥분된다"라고 말한 피실험자는 "불안하다"라고 말한 피실험자에 비해 모든 과제에서 더 훌륭한 성과를 거뒀다.

수지가 경험한 것처럼, 긴장감을 열의로 관점을 전환하는 방법은 효과가 있다. 그녀는 5초의 법칙을 이용해서 긴장감 때문에 행동하지 못하는 일을 막았다.

🕊 우리 부부는 대대적으로 우리의 안전지대에서 벗어날 계획을 하고 있습니다. 남편은 곧 은퇴를 하고, 우리는 지금 사는 곳과는 반대편인 동부 해안으로 이사를 고민 중입니다. 변화의 두려움 같은 감정이 들 때마다 5초의 법칙을 기억하고 해야 할 일을 적은 목록을 만들고 하나씩 확인합니다. 우리 부부의 꿈에 조금 더 가까워졌어요. 고마워요.

자기 자신에게 "흥분된다"고 말할 때 주의할 점이 있다. 그렇게 말한다고 해서 실제 몸 전체를 휘감는 긴장감이 누그러지는 것은 아니다. 머릿속에서 몸이 긴장하는 이유를 설명해서 스스로 다음 반응을 결정하게 만드는 것이다. 그러면 불안감이 커지지 않는다. 자제력을 발휘한다. 몸에 나타난 불안 증세는 움직이기 시작하면 진정될 것이다.

무대공포증이 있거나 경기 전 초조한 증상이 나타났을 때 혹은 중요한 시험이나 면접이 걱정될 때 (아니면 커피를 끓이다 갑자

정말 흥분된다!

그냥 흥분했을 뿐이군.
걱정할 건 전혀 없어.

기) 공황 발작이 나타나면 여기서 소개한 연구와 5초의 법칙을 이용해서 불안감을 이겨내 보자.

불안감이 몸 전체에 느껴지면 정신을 차리고 '5, 4, 3, 2, 1' 숫자를 거꾸로 센 다음,

"흥분되는데!"

라고 말하면서 스스로를 독려한다.

물리적인 영향력은 중요하기 때문에 숫자를 세는 일부터 시

작한다. 숫자를 세고 혼잣말을 하는 동안 전전두엽 피질이 자극되고 긍정적인 설명에 집중하게 된다.

처음 이 방식을 사용한다면 1시간에 스물일곱 번은 반복해야 할 수도 있다. 열한 살짜리 우리 아이가 친구 집에서 자는 일에 불안감을 떨쳐내려고 이 방식을 처음 사용했을 때 10킬로미터도 채 되지 않는 거리를 자동차로 이동하는 동안 이렇게 반복해서 되뇌었다. "친구네 집에 가서 정말 흥분돼요." 가여워라.

친구 퀸의 집 진입로에 들어서서 차를 세우고 아이에게 물어봤다. "기분이 어떠니?" 아이는 대답했다. "심장이 아직도 두근거리고, 속이 이상해. 그래도 퀸네서 자는 건 신나." 6개월 전 일이다.

친구네 집에서 자고 오는 일에 대한 아이의 불안감은 사라졌다. 지금은 정말 신나서 좋아한다. 내가 알려준 방법의 힘이다. 정말 효과가 있다.

너는
네가 믿는 것보다
더 용감하고,

겉으로
보이는 것보다
더 강하고,

네가
생각하는 것보다
더 똑똑해.

CHEER UP!

🕊 그러고 싶지는 않았지만, 망설이고 있는 이 상황을 5초 카운트다운을 한 뒤 '지금 직장에서 계속 근무하는 기회를 주는 것'이라고 생각을 바꿨습니다. 하고 싶지 않은 기분이 심각한 불안 증세가 되는 걸 그냥 내버려뒀습니다. 이 상황에서 벗어나는 법을 찾는 데 TED 강연이 진정 도움이 되었어요. 하고 싶지 않은 기분이 신경증이 아니라 정상적인 상태라고 생각을 바꾸도록 도와준 점 고맙습니다. @그렉

13장
두려움을 이기는 생각의 닻

용기를 가져라, 사랑스런 아이야.
―C. S. 루이스

    두려움은 어리석은 일을 하게 만든다.
    내게 가장 큰 두려움은 화염에 휩싸인 비행기가 추락하는 사고에서 죽는 일이었다. 비행기를 타야 할 때 나는 완전히 별난 사람이 되고는 했다. 비행에 관한 온갖 미신을 믿었다. 우선 탑승 구역을 유심히 살피면서 갓난아기를 데리고 있는 여성이나 제복 차림의 사람, 성직자, 수녀, 휠체어에 탄 사람, 집으로 가는 비행기를 기다리는 비번인 조종사, 대체로 인상이 친절해 보이는 사람들을 찾았다. 그런 다음 이렇게 선량한 사람들이 탑승한 비행기를 신이 추락하게 두지는 않을 거라고 속으로 생각했다. 이렇게 하면 탑승 전까지 안심이 되었다. 그러다가 비행기가 활주로를 향해 이동하면서 덜컹거리거나 이상한 소리를 낼 때 심장이 세차게 뛰고 가슴이 답답해졌다.

　최악의 상황은 이륙할 때였다. 비행기 바퀴가 활주로에서 떨어질 때 대체로 완전히 공황 상태에 빠졌다. 눈을 감고 폭발이 일어나거나 테러리스트가 나타나거나 내가 앉은 좌석이 떨어져 나가거나 비행기가 공중에서 떨어지는 장면을 머릿속으로 그렸다. 팔걸이를 쥐어짜듯이 꼭 잡고 거의 숨을 쉬지 않았다.

　기장이 스피커로 탑승객들에게 상황을 설명하면 나의 두려움 지수는 절반으로 줄어들었다. 좌석벨트 표시등이 꺼지기 전까지 마음을 놓지 않았다. 좌석벨트 표시등이 꺼졌다는 것은 이제 기내에서 움직여도 안전하다는 기장의 생각을 확인하는 나만의 신호였다. 비행기 추락 사고로 인한 죽음의 위협은 사라졌다는 의미였다.

　나는 5초의 법칙과 내가 '생각의 닻'이라고 부르는 불안 재평가 방식을 이용해서 비행의 두려움을 고쳤다. 어떤 두려움이든 똑같이 5초의 법칙을 이용할 수 있다.

생각의 닻 만들기

우선 어떤 여행이든 가기 전에 나만의 '생각의 닻'을 만들어 낸다. 내가 가는 여행과 관련이 있으면서 두려움이 밀려오면 나를 단단히 붙들어줄 생각이다. 비행기를 타고 가는 목적지, 도착하면 하고 싶은 일 등 여행에 관한 생각부터 시작한다.

아이다호 주 드릭스에 친구를 보러 갈 때는 그랑테턴 국립공원의 아름다운 초원을 떠올린다. 고향인 미시간 주로 여행을 갈 때는 부모님 집 앞에 차를 세우고 아이들이 차에서 내려 부모님께 반갑게 인사를 하거나 엄마랑 미시간호수를 따라 기분 좋게 산책을 하는 순간을 생각한다. 시카고에서 열리는 미팅에 가는 길이라면 고객과 맛있게 저녁식사를 하는 생각을 한다.

머릿속에 구체적인 이미지가 있다면 나머지는 정말 쉽다.

5초의 법칙을 이렇게 활용하는 것은 전문가들이 말하는 'if-then 플랜' 방식과 비슷하다. 미리 대안을 만들어놓고(if) 스스로를 통제하는(then) 건데, 이 경우 플랜A는 불안해하지 않는 것이다. 하지만 비행기에 탑승해서 불안해지기 시작하면 플랜B가 있다. 비행의 두려움을 이겨내기 위해 5초의 법칙과 생각의 닻을 이용하는 것이다. 연구에 따르면 이런 식의 if-then 플랜은 성공률을 세 배 정도 높일 수 있다.

기내에서

경고음 소리, 난기류, 길게 느껴지는 비행기 이륙 과정, 불길한 날씨, 불량한 인상의 옆자리 승객 등 그 무엇이든 나를 불안하게 만드는 것을 의식하는 순간 두려움은 쉽사리 깨어난다. 몸에 배인 사고방식 때문이다.

이런 경우가 발생하면 머릿속에서 두려움을 몰아내고 전전두엽 피질을 자극하고 현재 상황에 몰입하도록 '5, 4, 3, 2, 1' 숫자를 거꾸로 세기 시작한다. 그런 다음 내가 비행기를 타고 가는 목적지의 구체적인 이미지를 억지로 떠올리면서 얼마나 즐거울지 생각한다.

구체적인 이미지를 떠올리는 것은 한 가지 단순한 사실을 상기시키는 효과가 있다. 오늘밤 시카고의 한 레스토랑에서 고객과 저녁식사 자리를 갖거나 내일 아침 엄마와 해변을 산책하거나 딸애들이 참가한 라크로스 게임을 보기 위해 제시간에 집에 도착한

엄마랑 해변을 산책할 수 있다고
생각하니 기분이 들떠.

내일 엄마랑 해변을 산책한다고
들떠 있군. 문제없군.

다면 분명 비행기 사고는 일어나지 않았다는 의미니까 나는 걱정할 게 없다는 것이다.

가장 중요한 것은 두려움이 커지지 않도록 머릿속에서 찾고 있는 맥락을 만들어내는 일이다. 머릿속에서 나를 잡아줄 생각의 닻을 떠올리면 몸은 진정된다.

이 방식을 여러 차례 이용하면서 나의 비행공포증을 고쳤다. 이 방식대로 반복하다 보면 점점 쉬워질 것이고, 갑자기 더 이상 두려워하지 않을 것이다. 머릿속에서 긍정적인 것을 생각하도록 훈련시키게 된다. 두려움 대신 이제 곧 하려는 일의 즐거움을 생각하는 것이다.

프랜은 댈러스의 한 컨퍼런스에서 이 방식을 알게 된 후 집으로 돌아가는 비행기 안에서 즉시 이용했고, 엄청난 변화를 경험했다.

🐦 안녕하세요! 고맙습니다. 저도 할 이야기가 있어서요.
비행기 타는 게 싫어서 항상 피했어요. 저는 메릴랜드에 살다보니 선생님의 강연을 듣기 위해 댈러스까지 비행기를 타야 했어요. 비행 내내 공황 발작이 오기 일보 직전이었어요. 제 상태가 너무 좋지 못하다 보니까 다른 사람들 신경을 건드렸어요. 어쨌든 행사에서 강연을 듣고 집으로 돌아오는 비행기를 탔는데, 완전 딴 세상이었어요. 공황 발작이 오는 기분이 들 때마다 5초 카운트다운 방식을 이용했어요. 비행 중간쯤에는 창밖을 보면서 사진도 찍었지요. 그동안 두렵다고 이런 경험을 얼마나 많이 놓쳤을까 싶네요.
비행공포증 극복만으로도 5초의 법칙은 그 효과가 충분히 입증된 셈이지만, 다른 경우에도 효과 있었어요.

프랜의 메시지 가운데 뒷부분에 한 말이 마음에 든다. "그동안 두렵다고 이런 경험을 얼마나 많이 놓쳤을까 싶네요." 맞는 말이고, 마음 아픈 일이다. 나도 똑같은 것을 깨달았다. 두려움 속에서 사느라 매일매일 일어나는 삶의 즐거움과 기회, 마법 같은 순간을 나 스스로 빼앗아버렸다. 그렇게 살 필요는 없다. 5초 만에 스스로를 통제할 수 있고, 두려움을 이길 수 있다.

지금은 비행기를 타도 전혀 긴장하거나 두려워하지 않는다. 간혹 심한 난기류를 만났을 때는 5초의 법칙을 생각한다. 옆자리에 앉은 사람의 팔을 손톱자국이 남도록 세게 잡지 않으려고 말이다.

하지만 두려움이 생기는 다른 경우에도 여전히 이 방식을 이용한다. 가령 협상이나 껄끄러운 대화를 시작하기 전에 정말 순조로운 협상이나 대화에 관한 이미지를 만들어낸다. 누군가 나를 껴안아주거나 고맙다고 하는 모습이나 단골 술집에서 사업 파트너와 거래 성사를 축하하는 모습을 상상한다.

이런 생각은 내가 우쭐해지지 않고 현실에 충실할 수 있게 중심을 잡아준다. 두려움에 신경 쓰면서 대화를 시작하면 대화에 최선을 다할 수 없다. 머릿속은 두려움을 다스리느라 정신이 없기 때문이다. 중심을 잡아줄 수 있는 이미지를 가지고 있다면 마음속에 두려움이 밀려오는 순간 사라지게 된다.

5초 만에 두려움으로 머릿속이 마비될 수 있다고 해도 다시 5초 만에 통제력을 발휘할 수 있고, 계속해서 그렇게 할 수 있다는 걸 기억하자.

마음을 다스린다면
무엇이든
할 수 있다.

🕊 샌디에이고 강연에서 언급한 비행 두려움에 정말 공감했어요. 나만 비행기 사고로 좌석이 날아가 버리는 걸 두려워하나 싶었거든요. 비행 재난 다큐멘터리나 드라마 보는 건 중단했어요. 2011년 친구들이 해준 조언과 5초의 법칙이 비행 두려움 극복에 도움이 되었습니다. @자하라

🕊 정말 반가웠습니다. 어제 비행기에서 5초 카운트다운 방식을 이용해봤는데, 정말 효과가 있더군요. 비행기를 타고서 그렇게 마음이 평온할 줄은 생각지도 못했습니다. 고맙습니다. 용기도 주고 격려도 되는 강연이었습니다. @데이나

🕊 고맙습니다. 덕분에 두려움을 피하지 않고 마주하도록 수많은 사람들이 도움을 받았습니다. 5초 카운트다운 방식을 이미 사용하고 있고, 앞으로도 계속 그럴 생각입니다. 언제나 감사드려요. @클라우디아

5부

모든 것을 바꾸는 용기

들어가기에 앞서
최고의 성취감을 느끼는 사람이 되는 법

이제 마무리 단계에 왔다. 5초의 법칙을 둘러싼 이야기를 알아봤고, 평범한 용기의 의미도 살펴봤다. 행동과 사고방식을 바꾸기 위해 5초의 법칙을 전략적으로 이용하는 법도 숙지했다. 이제는 나 자신과의 교감에 영향을 미치는 보다 심오하고 감정적인 주제를 살펴볼 차례다.

첫째, 일상생활 속 용기 있는 행동을 통해 자신감을 쌓는 법을 살펴본다. 자신감과 성격 사이에 놀라운 연관성이 있다는 점을 알게 될 것이다. 자신감을 쌓는 데 크게 성공한 사람들을 만나보고 내 삶에서 가장 중요한 사람, 바로 나 자신과 다시 교감하게 된 방법에 관한 정말 솔직한 메시지도 확인할 수 있을 것이다.

둘째, 평범한 용기가 어떻게 자신의 열정을 찾는 데 도움이 되는지 알아본다. 5초의 법칙을 이용해서 두려움을 이겨내고 진정 자신이 원하는 것을 좇기 위해 용기를 얻는 사람들을 만나볼 것이다.

셋째, 인간관계에서 깊고 의미 있는 관계를 만들어내는 것은 무엇이며, 용기가 왜 중요한 요소인지 알아본다. 5부에서 소개하는 사연들을 통해 사랑하는 사람들과 보내는 시간을 십분 활용하고 인간관계를 강화하기 위해 언제 어디서든 활용할 수 있는 단순한 비법을 알게 될 것이다.

개인적으로 5부는 내가 가장 자신 있는 부분이다. 자신감과 열정을 키우고 타인과의 관계를 개선할 수 있다면 꿈만 꿨던 내 인생이 현실로 바뀔 것이다.

자신의 가치를
보지 못하는 사람은
늘 있게 마련이다.

그렇다고
내가 그런 사람이
될 필요는 없다.

14장
자신감은 작은 승리로부터 시작된다

들어가기 두려운 동굴 안에
내가 찾고 있는 보물이 있다.
―조셉 캠벨

사람들의 큰 착각 중 하나는 자신감이 성격의 문제라고 생각하는 것이다. 자신감은 단지 나 자신과 내 생각, 내 능력을 믿는다는 의미다. 누구나 자신감을 키우는 법을 배울 수 있다. 성격적 특성이 아니다. 일종의 기술이다.

성격이 외향적이고 말을 많이 한다고 해서 자신감이 있다는 의미는 아니다. 한 공간 안에서 가장 말을 많이 하는 사람은 실제 자신이 없고 스스로 생각하기에 멋져 보일 것 같은 말만 한다. 멀리서 찾을 필요도 없다. 나만 해도 오랫동안 이래라 저래라 소리 높여 말했지만, 내 자신, 내 생각, 내 능력에는 자신이 없었다.

아마도 가장 조용하다고 알고 있는 사람이 실제로는 가장 자신감이 있을지 모른다. 가장 친한 내성적인 친구는 자신의 아이디어에 엄청난 자신감이 있지만, 얼굴이 빨개지기 때문에 앞에 나서서 말하는 것을 두려워할 수 있다. 이 친구는 자신의 아이디어에 자신이 없는 게 아니다. 얼굴이 홍당무가 된다는 말을 들을까 두려운 마음을 이겨낼 약간의 용기가 필요할 뿐이다.

자신감과 용기, 성격의 관계를 보여주는 경험을 한 적이 있다. '5, 4, 3, 2, 1' 숫자를 거꾸로 세면서 나의 안전지대에서 스스로 나왔을 때 진정한 자신감을 느끼는 경험이기도 했다.

세계 최대 네트워킹 기술 서비스회사인 시스코시스템에서 강연할 기회가 있었다. 몇 달 뒤 비슷한 강연 요청을 다시 받았는데, 이번에는 강연 대상이 수석 엔지니어들이었다. 두 번째 강연을 하러 갔을 때였다. AV팀과 강연 준비를 하고 있을 때 한 남자가 나에게 다가왔다. 나를 보고는 무척이나 반가워하면서 오래된 친구처럼 따뜻하게 포옹하며 인사했다. (중서부 출신인 나는 포옹 인사를 좋아한다.) 남자는 반가운 마음을 감추지 못한 채 이렇게 말했다. "5초의 법칙에 관해서 정말 말씀드리고 싶은 게 있습니다."

남자는 몇 개월 전 강연에서 나를 봤다고 했다. 평소와 마찬가지로 나는 청중들에게 5초의 법칙을 이용하는 일종의 과제를 내줬다. "5초의 법칙을 이용해서 오늘 모르는 사람 세 명에게 자신을 소개하세요." 그런 다음 사람들이 시도했으면 하는 방식을 설명했다.

"자신의 본능과 상대방에게 매력을 느끼는 순간에 집중하세요. 바로 '자신을 밀어붙여야 하는 순간'입니다. 그 순간을 놓치지 마세요. '5, 4, 3, 2, 1' 숫자를 거꾸로 세고 5초 안에 상대방을 향해 걸어가세요. 머릿속에서 하지 말라고 제지하기 전에 말이지요."

이어서 이런 간단한 과제를 시도해볼 때 기대할 수 있는 효과를 설명했다. 만나고 싶은 상대를 보는 순간 머릿속은 상대방에게 다가가지 말라는 수백만 가지 변명으로 가득할 것이다. '오, 기다려. 다른 사람하고 말하는 중이잖아. 무례한 사람이 되고 싶지 않아.' '바빠 보이는데 나중에 다시 오지 뭐.' '스마트폰 보고 있는데 방해하는 건 아니지.' '시간이 많지 않으니까 다음 휴식 시간에 하지 뭐.'

머릿속에 가득한 이런 생각들은 모두 사실과는 거리가 멀다. 몸이 행동하지 못하도록 뇌에서 애쓰는 것뿐이다.

남자는 내가 내준 과제를 간단히 언급한 다음 자신에게 일어난 일을 자세히 설명했다. 시스코 강연이 끝나고 남자는 복도에 나갔다가 '밀어붙여야 하는 순간'을 마주했다. 존 챔버스 시스코 CEO가 고위 경영진들과 함께 그를 지나쳐갔다. (존 챔버스는 시스코의 전설일 뿐 아니라 모든 면에서도 정말 대단한 사람이라는 점을 이해할 필요가 있다. 그는 20년 동안 CEO직을 수행했다.) 다음 날에는 챔버스가 CEO 자리에서 물러나고 척 로빈스가 CEO직을 맡는다는 발표가 있을 예정이었다.

남자는 이제 막 5초의 법칙을 알게 된 상황에서 복도에 서 있었다. 챔버스를 보자 본능이 꿈틀거렸다. 곧장 자신을 소개하고 시스코 엔지니어로서 자부심을 일깨워준 점에 고마움을 전하고 싶은 마음이 생겼다. 마음이 이끄는 대로 해야 한다고 알고 있어서 억지로 해보려고 했지만, 그 자리에서 얼어붙고 말았다.

마비된 느낌이 들었다면서 평소 내성적인 사람이라 그런 식으로 과감하게 행동하는 일은 천성적으로 자신과 어울리지 않는다고 덧붙였다. 그렇게 그 순간은 지나갔다. 챔버스는 복도 저쪽으로 사라져버렸고, 자신에게 영웅 같은 인물과 직접 말할 수 있는 기회를 놓쳐버린 것을 두고 그날 하루 종일 자책했다.

하지만 다행스럽게도 남자의 이야기는 거기서 끝나지 않았다.

다음 날 아침 샌디에이고 베이에 접한 엠바카데로 공원에서 조깅을 하고 있을 때였다. 선착장까지 이어지는 경치 좋은 자전거 도로를 달리는 사람들, 자전거 타는 사람들, 산책 나온 사람들로 평상시와 다름없이 붐볐다. 남자는 이어폰으로 음악을 들으면서 천천히 조깅을 하고 있었다. 그때 느닷없이 남자의 앞에 낯익은 모습이 보였다. 짐작했겠지만, 바로 챔버스였다.

챔버스 역시 혼자였고, 헤드폰을 끼고 조깅 중이었다. 남자는 지금이라는 생각이 들었다고 했다. 지금이 아니면 기회는 없다고 생각했다. "혼자 있는 시간을 방해하는 무례한 행동이 아닐까 즉각 걱정이 들었지만, 망설이는 걸 멈추고 5초 카운트다운을 시작했습니다. 5-4-3-"

남자는 달리기 속도를 높여 챔버스를 따라잡았다. 어깨를 살짝 건드리며 방해해서 죄송하다고 사과한 뒤 챔버스가 시스코에서 이룬 업적에 개인적으로 고마움을 전하고 싶었다고 말했다. 두 사람은 조깅을 멈추고 함께 공원을 가로질러 산책했다.

남자의 설명에 따르면 챔버스는 유쾌하고 친근한 사람이었다. 일상생활, 직장생활, 심지어 당시 남자가 하고 있던 프로젝트 관련 아이디어까지 총망라해서 이야기를 나눴다. 이야기가 끝날 때쯤 챔버스는 남자에게 악수를 청하면서 먼저 다가와 말을 걸어

줘서 고맙다고 했다. 그리고 회사에서 기업혁신을 담당하는 고위 책임자의 이름을 알려주며 이렇게 말했다. "내 이름을 팔아서 그 담당자에게 오늘 우리가 했던 이야기를 전하고, 내가 이 아이디어를 공유했으면 좋겠다고 했다고 하게나."

이야기를 하는 남자의 얼굴은 실내를 환하게 밝힐 정도로 빛나고 있었다. "내 직장 경력의 하이라이트였습니다. 5초의 법칙이 아니었다면 절대 일어나지 않았을 일이지요. 고맙다는 말만으로는 안 될 정도예요."

그런 다음 남자는 이렇게 덧붙였다. "아, 세상에나, 잊어버릴 뻔했네요. 챔버스가 소개해준 사람을 만날 예정이에요!"

솔직히 남자가 미팅에 성공했는지는 모른다. 이 이야기의 핵심은 성과가 아니라 일상생활 속 용기 있는 행동으로 자신감을 쌓는 방법이다. 이 단 한 번의 경험으로 남자는 경력 이상의 것을 바꾸는 힘을 얻었다. 꾸준히 5초의 법칙을 이용해서 본능에 귀를 기울이고 그대로 따른다면 인생에서 가능한 일들의 범위도 분명 달라질 것이다.

활기 넘치는 남자의 모습이 꼭 CEO를 만났기 때문만은 아니다. 물론 남자의 태도도 멋지지만, 자신의 욕구를 존중하고 스스로 삶을 통제할 때 얼마나 더 행복한지를 엿볼 수 있다.

나 자신에 대한 믿음은 일상생활 속 용기 있는 행동을 통해 쌓인다는 점을 기억하자. 남자가 경험한 일이기도 하다. 자신을 믿을 수 있다는 것을 알면서 얻은 삶의 활기였다. 남자가 일상생활 속 용기 있는 행동을 더 연습하게 되면 자신에 대한 믿음도 더 강해질 것이다.

날마다 하는 소소한 행동을 통해 나 자신에 대한 믿음이 쌓이면서 자신감도 생긴다는 것을 기억하자.

"진정한 내 모습으로 살아가지 못하는 게 고민이에요." 많은 사람들이 겪는 어려움을 용기 내어 고백한 빌의 사연은 그래서 감동적이다. 겉보기에 빌의 인생은 나무랄 데가 없는 듯하다. 결혼해서 네 명의 자녀를 뒀고, 성공적인 직장생활을 하고 있으며, 한 전문단체를 이끌고 있다. 분명 멋진 삶을 사는 것처럼 보인다.

하지만 놓친 게 있다. 자기 자신과의 의미 있는 교감이다.

확신을 갖고 살지 않고 있으며, 대부분의 사람들처럼 망설이고 오래 생각한 다음 할 말이나 할 일을 하지 않는 버릇이 생겼다는 걸 인정할 만큼 빌은 용기 있는 사람이다.

그는 사람들과 진정한 교감을 나누는 능력을 잃어버린 것 같은 느낌이 들었다고 말했다. 무엇보다 가장 중요한 사람과 교감하는 법을 잊었다는 사실을 잊어버렸다. 바로 자기 자신이다. 진정한 자신의 모습과 교감하지 못하면 목표를 잃어버린 것 같고 자신감은 없어지며 조화로운 삶은 멀어진다.

🕊 자신이 알게 된 것을 사람들에게 알려준 점에 고마움과 찬사를 보냅니다. 쉰세 살에 네 아이의 아버지입니다. 딸 셋은 다 컸고, 재혼해서 얻은 다섯 살 아들이 하나 있습니다. 회사에서 프로젝트 매니저이자 건설부서의 매니저를 맡고 있습니다. 지역 프로젝트매니저협회 지부를 자원해서 이끌고 있습니다. 흠, 괜찮은 삶인가요? 진정한 내 모습이 무엇인지 고민인 점만 제외하면요.

사람들과 교감하는 능력이 없어졌어요. 침대에서도 그렇게 흥분이 되지 않습니다. 내가 진정 원하는 걸 알기 위해 고군분투 중입니다. 그리고 머뭇거리고 과도하게 생각하다가 할 일과 할 말을 전혀 하지 않는 버릇이 있어요. 천지개벽할 일도 전혀 없을뿐더러 자신 있게 살지도 못하네요. 인생의 조화로움이 사라졌어요. 그러다가 지난 토요일 북미 프로젝트매니저협회 행사에서 5초의 법칙을 알게 된 겁니다.

나를 찾는 긴 여정을 천천히 시작했습니다. 아침에 일어나서 개를 데리고 산책을 갑니다. 진솔하면서 요령 있게 사람들을 대하고, 내가 얻는 모든 기회에 적극적으로 대응합니다. 직장에서 어려운 결정을 내리고, 우선순위에 집중하며, 필요할 때 'NO'라고 말합니다. 그다음 날 잠자리에서 일어나면 다시 개를 데리고 산책을 합니다. 소소한 일이지만 즐겁고 또한 내 자신을 믿는 법을 조용히 배우고 있습니다. 앞으로 나아가고 있으니 큰 변화지요.

5초의 법칙을 이용해서 자신의 진정한 모습을 되찾을 수 있다. 빌은 자신과의 관계 회복을 위해 5초의 법칙을 이용하기 시작했다. 나를 찾는 긴 여정을 천천히 한 단계씩 밟아가려면 나를 믿는 법을 배울 수 있는 소소한 일부터 시작해야 한다.

만족할 만한 삶은 소소한 일들로 구성된다. 어려운 결정 내리기, 'NO'라고 말하기, 잠자리에서 일어나 개를 데리고 산책 가기 등의 일은 나를 믿는 법을 배우는 사소한 일이면서 자신감을 키울 수 있는 가장 즐거운 일이기도 하다.

트레이시는 마흔여덟 살의 전업주부다. 틀에 박힌 생활을 한다는 생각을 지울 수 없었지만, 5초의 법칙을 알게 되었을 때 천둥이 치는 것 같은 기분이 들었다. 전체적으로 봤을 때 소소한 일을 하는 데 5초의 법칙을 이용했지만, 그로 인해 얻는 행복감은 아주 컸다. 예배 시간에 앞에 나가서 말을 하거나 셀카 사진을 인터넷에 올리는 기분이었다.

"5초의 법칙을 이용한 일들은 대부분 소소했지만, 그로 인해 얻는 행복감은 컸어요. 5초의 법칙을 몰랐다면 하지 않았겠지만, 어쨌든 5초의 법칙을 이용해서 내가 했던 일들을 간단히 적어볼게요.

콘서트장에서 일어서서 춤추기, 셀카는 그다지 좋아하지 않지만 존경하는 작가와 찍은 사진 올리기, 예배 시간에 신도들 앞에 나가서 말하기, 신경 쓰이는 일 남편에게 털어놓기, 만나고 싶은 사람에게 자기소개 하기, 되도록 미루지 않고 집안일 하기…. 일 자체만 보면 천지개벽할 일들은 아니지만, 5초의 법칙에 숨어 있는 힘 덕분에 해냈습니다.

이제는 좀 더 어려워 보이는 일을 하는 데 5초의 법칙을 이용하려고 해요. 가령 25년에 걸쳐 늘었던 몸무게를 줄여서 고고 졸업 30년 동창회에 참석하는 용기를 내는 일 같은 거 말이지요.

내 이야기를 글로 써서 전달할 때도 5초의 법칙을 이용했어요. 이 법칙을 다른 사람들과도 공유하려고 했고 사람들이 직접 실행하는 모습을 보기도 하고 이야기를 듣기도 했어요. 자신감을 주면서 쉽게 인생을 바꿀 수 있는 이 방식을 계속 사용할 거 같네요.

틀에 박힌 생활에서 벗어나고 있다는 느낌이 드는 게 참 오랜만이에요. 다음에는 어떤 일이 벌어질지 정말 기대가 돼요. 고맙습니다."

빌과 트레이시의 사례에서 알 수 있는 것은 사소한 일이 결코 시시한 일은 아니라는 점이다. 가장 중요한 일이면서 차근차근 늘릴 수 있는 일이다. '5, 4, 3, 2, 1' 숫자를 거꾸로 세면서 사소한 일들을 해나가면 전체적으로 봤을 때 비중이 높은 일을 할 수 있는 자신감을 얻게 된다.

자의식이 확인되는 일을 할 때 자신감은 쌓인다. 제시간에 일어나기, 예배 시간에 신도들 앞에 나가서 말하기, 자전거도로에서 시스코 CEO 따라가기처럼 평상시 하지 않는 일을 할 때 특히 그렇다. 일상생활 속 용기 있는 행동이고, 이런 행동들이 자신감을 키운다.

크리스탈 역시 2015년 같은 행사에 엔지니어로서 참여했고 5초의 법칙에 관한 메시지를 보내왔다. 지난 8년 동안 모든 행동을 머릿속으로 짐작만 했다는 걸 깨달았다고 했다. "상대방을 보며 재미있는 사람이라고 생각했다가 바로 잠시 후 말을 걸지 말아야 하는 이유가 백만 가지 정도 떠올랐어요."

쉬는 시간 사이 그녀는 '5, 4, 3, 2, 1' 숫자를 거꾸로 세고는 즉시 모르는 사람 옆에 앉는 식으로 5초의 법칙에 따라 행동했다. 다음 날 강사가 질문 있는 사람이 있는지 확인했을 때, 질문은 있지만 묻는 것조차 부끄러워한다는 것을 알았다. 그러고는 생각은 그만하고 일어나서 질문을 해야 한다는 것을 알고 있으니 그대로 행동에 옮겨야 한다고 생각했다.

크리스탈은 5초 카운트다운을 하고 나서 일어나 질문을 했다. 남성 엔지니어로 가득한 행사장에서 다른 두 여성이 크리스탈을 보고 용기를 얻어 질문을 했다. 마음이 내키지는 않았지만 농구장에 가고 부사장님에게 명함을 받으려는 용기를 낼 때도 5초의 법칙을 이용했다.

일상생활 속 이런 용기 있는 행동들 덕분에 그녀의 자신감은 커졌고, 인생은 달라졌다. 그녀는 새 직장과 새 직책, 새 집을 얻었다.

🕊 시스코 라이브 2015 행사에 참여했다가 5초의 법칙에 관한 강연을 봤어요. 최고였어요! 지난 8년 동안 모든 행동을 머릿속으로 짐작했다는 걸 깨닫지도 못하고 지냈더라고요. 상대방을 보며 재미있는 사람이라고 생각했다가 바로 잠시 후 말을 걸지 말아야 하는 이유가 백만 가지 정도 떠올랐어요. 강연을 듣고 나서 즉시 5초의 법칙에 따라 실행해봤어요. 이 법칙이 아니었다면 만나지도 못했을 사람들을 만났어요.

사람들로 가득한 행사장에 들어가서 아는 사람을 찾아봤어요. 옆자리에 앉아서 인사라도 하려고요. 하지만 모르는 사람 옆에 앉으라는 조언을 들었고, 그렇게 했어요. 강사가 질문 있는 사람이 있는지 물어봤을 때, 질문은 있지만 제가 자리에서 일어서는 것조차 부끄러워한다는 걸 알았어요. 그러고는 그만 생각하고 일어나서 질문을 해야 한다는 것을 알고 있으니 그대로 행동에 옮겨야 한다고 생각했어요. 일어나서 질문을 했어요. 질문하고 난 뒤 남성들로 가득한 행사장에서 다른 두 여성도 질문을 했어요. 기분이 끝내줬어요.

농구 경기를 보러 가자는 제안을 받았을 때 처음에는 재미있겠다 싶었다가 호텔에서 쉬어야겠다는 생각이 들었어요. 첫 번째 본능에 따르기로 결정을 해서 다행이에요. 부사장님을 만났고 명함도 얻었으니 말이지요.

시스코 라이브 행사에서 5초의 법칙에 관한 강연을 본 날 이후 저의 많은 점이 바뀌었어요. 경제적으로 톡톡히 보상을 해주는 새 직장을 구했어요. 직급은 이전 직장에 비해 3단계로 올랐고요. 오랫동안 생각만 하고 있었는데 마침내 내 집을 사기도 했고요. 고맙다는 말 밖에 할 말이 없네요. 5초의 법칙을 알려준 점 감사드려요.

노부오는 이사직에서 물어난 뒤 의욕이 사라지고 무능하다는 기분이 들었다. 그러다 5초의 법칙을 만났다.

🕊 2년 전 우연히 멜 로빈스의 TED 강연을 봤다. 강연을 보면서 5초의 법칙이 나에게도 효과가 있을 것 같다는 생각이 들었다. 이사직에서 물러난 이후 내 삶은 정신적으로나 경제적으로 완전히 바뀌었다. 새로운 삶을 꾸려갈 의욕도 없었고, 그저 무능하고 무력한 기분이었다. 하지만 5초의 법칙은 많은 도움이 되었고, 일상생활에도 5초의 법칙을 활용하기로 결심했다. 5초의 법칙을 활용한 뒤로 몸과 마음에 서서히 의욕과 힘이 생기고 있다. 멜 로빈스의 조언을 내 블로그에 일본어로 번역해서 올리기도 한다.

5초의 법칙을 이용해서 일상생활 속 용기 있는 행동을 서서히 연습한 뒤로 노부오는 크리스탈이 그랬던 것처럼 몸과 마음에 의욕과 힘이 다시 생기는 것을 알았다. 자신에게 인생을 바꿀 힘이 있다는 것을 스스로 입증했기 때문이다.

성격과 자신감에 관해 한 가지 더 지적하고 싶은 점이 있다. 복도에서 존 챔버스가 지나가는 모습을 처음 보고 그 자리에서 얼어붙었던 시스코 엔지니어가 했던 말을 기억해보자. 남자는 자신이 내성적인 사람이어서 먼저 다가가 말을 거는 행동은 천성적으로 자신과 어울리지 않는다는 식으로 설명했다.

인생이나 성격에서 변치 않고 고정되거나 천성적으로 그런 것은 없다고 말했다면 그는 어떻게 했을까? 연습하지 않으면 어떤 행동도 자연스럽게 나오지 않는다. 일상생활에서 용기 있는 행동을 연습해야 한다고 반복해서 말하는 이유다.

우리에게는 행동을 통해 인생의 모든 영역을 개선하거나 바꾸거나 풍요롭게 할 수 있는 능력이 있다.

브라이언 리틀 케임브리지대학교 심리학과 교수는 '당신은 진짜 누구입니까? 성격의 퍼즐 Who Are You, Really? The Puzzle of Personality'

이라는 제목으로 TED 강연을 했다. 강연에서 리틀 교수는 내성적인 사람과 외향적인 사람 사이의 차이점과 개인의 특성을 결정하는 요인을 설명했다.

그에 따르면, 우리가 하는 일이 개인의 특성을 결정한다. 일부 성격적인 특성은 무의식적으로 형성되거나 고정적이지만, 인생의 핵심 과제를 실행하기 위해 스스로 조절할 수 있는 자유로운 특성이 대부분이다.

시스코 엔지니어의 경우처럼 리틀 교수도 자신을 내성적인 사람이라고 소개한다. 하지만 리틀 교수의 개인적인 핵심 과제는 강의다. 그는 가르치는 일을 좋아한다. 그래서 내성적인 사람이지만, 학생들 앞에 서 있을 때는 본래 성격에서 벗어나 학생들과 적극적으로 교감을 나눈다. 어떻게 그렇게 하는 걸까? 의도적이고 계획적인 행동을 통해서다. 그는 의도적이고 계획적인 행동을 하도록 스스로를 밀어붙였다.

시스코 엔지니어의 과제는 챔버스에게 감사의 마음을 전하는 일이었다. 그가 본래 성격과는 어울리지 않게 행동 본능을 느낀 이유다. 그는 어떻게 행동하게 되었을까?

바로 5초의 법칙 덕분이다.

리틀 교수와 시스코 엔지니어 두 사람의 사례에는 두 가지 공통점이 있다. 의미 있는 일을 하고 싶은 욕구(학생이나 CEO와 교감하는 일)와 의도적인 행동(본래 성격과는 다른 행동)이다.

외향적인 사람과 비교해서 내성적인 사람은 회사 CEO에게 다가가거나 예배 시간에 신도들 앞에서 말을 하거나 학생들 앞에서 가르치는 일을 더 어렵게 느낄까? 그럴 수도 있고 그렇지 않을 수도 있다. 개인의 자신감에 달린 일이다. 그리고 알다시피 자신감은 성격과 아무런 관계가 없다.

리틀 교수가 즐겨 하는 말처럼, 우리에게는 다른 사람과 비슷한 면도 있고 다른 사람에게서 볼 수 없는 면도 있다. 내가 아는 것은 무엇이든 처음 할 때는 어렵고 조금 무섭게 느낄 수 있다는 점이다. 약간의 용기가 필요하다.

중요한 목적이 있을 때는 누구나 본래 성격과는 다르게 행동할 수 있다. 내가 생각할 수 있는 가장 중요한 목적은 활기 넘치고 행복하고 성취감을 느낄 수 있는 방식으로 인생을 개선하는 것이다.

그렇다면 중요한 목적을 이루기 위해 어떻게 본래 성격에서 벗어날 것인가? 짐작했듯이 5초의 법칙을 이용해서 일상생활 속 용기 있는 행동을 연습하는 것이다. 세상을 깜짝 놀라게 할 정도의 행동들은 아니지만, 지속적으로 연습을 하면 자신에 대한 의구심을 깨뜨릴 것이다.

우리 각자의 내면에는 정말 위대한 모습이 있다. 5초의 법칙은 우리 모두가 얼마나 대단한 사람인지 볼 수 있도록 도와준다.

결국 맨 처음 강조한 내용을 상기해야 한다. 용기 있는 행동을 연습할수록 내 삶을 스스로 통제하고 있다는 믿음이 강해져서 결과적으로 더 자신감 있는 사람이 된다. 죽을 만큼 두려운 일을 해야 할 때조차 5초의 법칙은 용기 있게 행동하는 데 도움이 된다.

미셸은 자신에게 해가 되고 걱정만 잔뜩 안겨주는 일을 그만둘 용기를 얻었다. 불확실한 상황이 두려웠지만, 일상생활 속 용기 있는 행동 하나로 자신과 자신의 능력에 대한 확신이 생겼다.

🐦 나에게 해가 되고 걱정만 잔뜩 안겨주는 일을 이번 주에 관뒀어요. 앞으로 어떤 일이 벌어질지 정말 두렵지만, 《괜찮다는 말은 이제 그만 Stop Saying You're Fine》을 읽었을 때 이후 지금처럼 내 자신과 내 능력을 확신한 적이 없어요. 더 나은 일을 할 수 있도록 도와줘서

고맙습니다. 모르는 사이에 나를 바꿔놓았어요. 정말 대단하세요!

미셸이 알게 된 것처럼, 무서워하는 일을 하면 더 자신감을 갖게 된다. 행동할 용기가 있다면 자신감은 뒤따라 생길 것이다. 걱정이 될 때 나서서 말하고, 두려울 때 행동하고, 기분이 내키지 않아도 운동하러 나갈 때마다 무슨 일이든 끝내기 위해 나 자신에게 의지할 수 있다는 것을 깨닫는다.

자신의 능력에 대한 믿음은 자연스럽게 자신감으로 이어진다.

5초의 법칙을 더 많이 이용할수록 자신감도 더 빨리 늘어난다. 스테이시는 용기 있게 행동하고, 사람들과 마주보고 이야기하고, 두려움 때문에 더 이상 숨지 않도록 거의 매일 5초의 법칙을 이용한다. 일상생활 속 용기 있는 행동을 하는 데 5초의 법칙을 이용하면서 생각지도 못했던 방식으로 발전할 수 있었다. 항상 바랐던 자신감을 키우게 되어 신기한 기분이 든다.

🕊 5초의 법칙은 내가 생각지도 못했던 방식으로 발전하는 데 도움이 되었어요. 지금은 자신감이 이 정도로 넘치지만, 예전에는 생각지도 못했었지요. 팀원들에게도 각자 내면에 자신감이 숨어 있다

고 말합니다. 무슨 일이든 더 이상 꾸물대지 않아요. 그것만으로도 저한테는 엄청난 성과랍니다.

아주 단순한 혹은 사소해 보이는 방식을 취했지만 인생에 대한 관점 전체가 완전히 바뀐 사람들의 다양한 이야기를 들어봤다. 이런 이야기를 외면하고 싶은 마음이 생길 것이다. 단순히 매일 아침 제시간에 일어나면 연쇄반응이 일어나 자신감에 영향을 미친다는 사실이 설득력이 없어 보이기 때문이다. 하지만 정확히 이 방법이다.

더 이상 거창한 일에 집중하지 말자.

'5, 4, 3, 2, 1' 숫자를 거꾸로 세고 난 다음 가장 사소한 일부터 시작하자. 사소한 일들을 하는 순간이 결코 시시하지 않다는 걸 알게 될 것이다. 빌의 말처럼 잠자리에서 일어나고, 힘든 결정을 내리고, 'NO'라고 말할 수 있고, 자신에게 온 모든 기회에 대응하고, 우선순위에 집중하는 등 일상생활 속 용기 있는 행동은 인생을 바꾸는 파급효과가 있다. 사소한 일들이지만, 바라는 모든 것을 얻을 수 있다. 자신감, 절제력 그리고 기분 좋은 자부심!

목소리가 떨리더라도 마음속으로부터 나오는 말을 하라.

CHEER UP!

🐦 정말 대단하세요. 덕분에 저도 대단한 사람이라는 걸 이제는 알아요. 의욕이 생겼어요. 강연을 들을 수 있어서 정말, 정말로 좋았습니다. @엠버

🐦 안녕하세요, 멜 선생님!
지난번 대화를 기억하실지 모르겠네요. 시간이 좀 지났으니까요. 5초의 법칙으로 선생님이 제게 얼마나 많은 영향을 주셨는지 간단히 이야기했었어요. 5초의 법칙을 이용하고 2-3개월 만에 정말 제 인생이 바뀌기 시작했다고 말씀드릴 수 있어요.
저는 토론토에 있는 공연예술 고등학교에 다닙니다. 학교는 정말 좋아요. 선생님과 감독님과 팀을 이뤄서 매일 연습을 합니다. 공연은 줄곧 좋아해 온 일이지만, 무대에 나가 공연을 하는 것이 항상 긴장되는 것도 사실입니다. 5초의 법칙을 이용하면서 더 많은 배역을 맡았을 뿐 아니라 자신감도 엄청나게 얻었어요. 이제는 다른 사람들에게 영감을 주고 싶은 열정이 생겼어요. 선생님께도 뭔가 보여드리고 싶습니다. @제이

15장
열정은 생각의 틀 밖에 있다

단어를 입 밖에 내지 않고도 말하는 법이 있다.
상대의 말을 듣는 것이다.
—루미

　자신의 열정과 목적을 찾는 법을 묻는 수많은 질문을 오랫동안 받았다. 하지만 자신의 열정을 생각하도록 도와달라는 부탁을 받은 적은 한 번도 없다. 내 열정을 찾는 일은 적극적인 과정이기 때문에 기회가 나타나기 시작하면 5초의 법칙이 놀라운 도구라는 것을 알게 될 것이다.

　사람들이 자신의 열정을 찾지 못하게 되는 원인은 자신의 생각에서 벗어나서 행동할 수 없다는 데 있다. 기회가 나타났을 때 5초의 법칙을 이용해서 적극적으로 달려든다면 이어지는 결과에 놀라게 될 것이다.

탐색
시작하기

어떻게 탐색할 것인가? 누구에게나 있는 최고의 가이드를 고용한다. 바로 호기심이다. 마음이 쓰이는 것에 본능적으로 주의를 기울이게 되는 것은 호기심 때문이다. 어떤 일이 계속 생각난다면 새로운 취미로 만들자. 질투심에도 관심을 기울이자. 누군가를 질투한다고 느낀다면 그 감정을 면밀히 살펴보자. 상대의 인생에서 어떤 면에 질투심을 느끼는지 스스로 물어보는 과정에서 자신이 진정 바라는 것이 무엇인지 힌트를 얻을 수 있다.

그런 다음 원하는 것을 꼼꼼히 살펴볼 수 있는 간단한 일들을 실행하자. 관련 자료를 읽거나 영상 자료를 보거나 사람들에게 이야기하거나 수업을 듣거나 계획을 세운다. 지속적으로 이렇게 했을 때 어떤 일이 벌어지는지 놀라게 될 것이다.

크리스는 4년 전 처음 5초의 법칙을 알게 되었을 때 한 은행의 CIO였고, 사진을 정말 좋아했다. 그는 5초의 법칙을 이용해서 자신의 열정을 사진에 쏟았고, 네 번의 잡지 표지 촬영과 다수의 수상 경력을 쌓은 뒤 전문 사진작가가 되었다.

🇫 테네시 주 스와니에서 '스태거 문 밴드Stagger Moon Band'의 촬영이 있기 전인 금요일, 멜 로빈스로부터 이메일을 받았다. 멜 로빈스가 소개한 5초의 법칙 덕분에 나는 네 번의 잡지 표지 촬영을 했고, 여러 차례 상을 받았으며, 최고의 사진작가로 선정되는 영광을 얻었다.

5초의 법칙은 간단하다. 아이디어가 떠오른다면 5초 안에 행동에 옮기는 것이다. 정말 간단해 보이지만, 사실 대부분의 사람들에게는 그렇지 않다. 항상 머릿속에는 아이디어가 떠오르지만 그냥 내버려둔다. 4년 전쯤 멜 로빈스의 TED 강연을 보고 나서 나도 할 수 있다는 확신이 들었다.

5초의 법칙은 정말 독창적이다. 머릿속에 아이디어가 떠오르면 메모해두거나 바로 행동에 옮기면 그만이다. 정말 간단하다.

고급 식료품사업에 관심이 있는 사람도 있을 것이다. 해본 적이 없다는 것은 문제가 되지 않는다. 요즘에는 시장 파악을 위해 편리하게 이용할 수 있는 다양한 방법이 있다. 캄보디아에 사는 에릭은 수출사업 아이디어가 있었다. 그는 유튜브 동영상과 책을 찾아보면서 가능한 모든 것을 배우려고 적극 노력했다.

🕊 저는 현재 캄보디아에 살고 있습니다. 이곳에 온 지 2년이 다 되어가네요. 이혼 후 영어도 가르치고 혼자 지내는 법도 배우려고 캄보디아에 왔습니다.

최근에 정말 심각하게 향수병에 시달렸는데, 제가 떠나온 애틀랜타로 다시 돌아간다면 후회하게 될 거라고 직감적으로 알았어요.

미국에서는 볼 수 없는 이곳의 진기한 식재료를 수출하는 사업 아이디어가 있었어요. 미국에 사는 사람들과 훌륭한 식재료를 함께 나누고 싶었거든요. 애틀랜타에서 고급 식료품 유통회사를 운영하는 친구가 있는데, 비교적 틈새시장을 공략하는 아이템을 판매해요.

제품도 있고 유통 경로도 확보된 상태였지만, 사업을 시작하는 법을 몰랐습니다. TED 강연을 보고 나서 사업 시작에 관한 책도 구입해서 읽어보고 유튜브에서 여러 동영상도 찾아봤습니다.

인생에서 처음으로 정말 열정적으로 매달리는 아이디어가 생겼고, 진짜 내 사업이 될 거 같은 기분이 듭니다.

자신의 열정을 발견하는 방법이다. 열정을 쏟을 수 있는 대상을 찾을 때까지 5초의 법칙을 이용해서 탐색한다.

추진력 쌓기

그저 본능처럼 시작하게 된다. 항상 그렇다. 우선 강좌를 듣는다. 강좌는 자격증 취득으로 이어지고, 여러 대화로 이어진다. 다양한 대화는 기회로 이어지고, 작은 기회는 더 큰 기회를 불러온다. 내가 배우는 것을 직장 사람들과 공유하고 싶은 마음이 들면 5초의 법칙을 이용해서 적극적으로 행동에 옮긴다. 추진력이 필요한 시점이다.

실제 일이 시작되면 심란한 마음에 나에게 욕설을 퍼부을 수 있지만, 마음속 생각을 믿고 흥미롭다고 생각하는 것을 살펴볼 용기를 얻은 점에 스스로 고마워할 것이다. 런던에 사는 은행원 조의 사연은 강좌를 듣는 사소한 일이 완전히 새로운 직장 경력으로 발전할 수 있다는 것을 보여준다. 사소한 일로부터 추진력을 쌓아나가는 방법을 보여주는 놀라운 이야기다.

📘 여덟 명으로 이뤄진 우리 팀 회의에서 발표를 했어요. 긴장했지만 무사히 끝냈어요. 최근에 NLP 코스를 수료해서 마스터자격증을

취득했는데, 내가 배운 것을 알려주고 싶었어요. 발표가 끝나고 담당자가 나에게 다가와서 말했어요. "이 일을 하셔야겠네요. 이쪽 일로 직종을 바꾸세요." (저는 현재 은행업계에 있어요. 정확히 은행원이죠.) 다른 사람들도 비슷한 반응을 보여서 정말 너무 놀랐어요. 용기를 얻어서 5초의 법칙을 실행하기로 했어요. 컴퓨터를 켜고 영국에서 가장 규모가 큰 여성 네트워크 조직 한 곳에 프레젠테이션 봉사를 하겠다고 이메일을 보냈어요. '브레이크쓰루'라는 단체인데, 사실 제가 근무하는 로이드뱅킹그룹에서 운영하는 곳이에요.

그날 아침에 선생님 페이스북에 '오늘 5초의 법칙 실행'이라고 댓글을 달았던 게 생각나네요. 간단히 줄여서 말하면, 그 단체의 스코틀랜드 지부에서 프레젠테이션을 해주면 좋겠다는 회신을 받았어요.

다시 2주 정도 시간을 되돌려보면, 지난주 화요일에 정말 긴장을 했어요. 너무 두려워서 솔직히 선생님과 5초의 법칙을 두고 욕을 했어요. 어쨌든 프레젠테이션은 했어요. 그 다음에 어떤 일이 벌어졌는지 아세요? 프레젠테이션을 잘한 덕분에 참석하지 못한 사람들을 고려해서 대기자 명단이 생겼어요. (신청 전화가 먹통이 되기도 했고, 첫 번째 프레젠테이션의 시간제한 문제도 있었고, 입소문도 탔거든요.)

결국 다시 한 번 해달라는 요청을 받았고, 여러 곳에서 일자리 제안도 받았어요. 이 모든 일이 5초의 법칙과 단 한 통의 이메일에서 시작된 거예요. 아, 그리고 사람들이 감동받은 책을 소개해달라고 했을 때 내가 제일 좋아하는 책 가운데 한 권인 《괜찮다는 말은 이제 그만》을 말했어요.

5초의 법칙은 효과가 있어요. 모든 이에게 한번 시도해보고 어떤 결과가 있는지 직접 확인해보라고 해요. 자신이 원하는 곳으로 가고 있을 수도 있으니까요.

탐색 과정을 통해 힘이 쌓이면 이제 다음 단계로 넘어간다. 자신의 열정을 본격적으로 추구하는 것이다. 부업으로 하던 사진작가 일이 본업이 되고, 프레젠테이션 활동이 전문 강사 경력으로 이어지게 된다.

전념하는 용기

열정에서 시작한 일을 직업으로 바꿔 인생의 큰 변화를 도모하는 시기를 판단하는 비결은 없다. 계획을 세우고 심사숙고하는 과정이 필요하다. 평범한 사람이라면 현재와 미래의 삶 양쪽에 발을 걸치고 있으면서 더 이상 버틸 수 없을 때까지 자신을 고문하듯이 괴롭힐 것이다.

미할에게는 회사를 키워보고 싶은 커다란 열정이 있었지만, 오랫동안 하고 싶다는 생각만 하면서 주저했다. 그녀는 사업 시작을 발표하기 위해 5초의 법칙을 이용해서 스스로를 독려했다.

🕊 오늘 5초의 법칙을 이용해서 말과 기수의 초상화를 그리는 새로운 사업을 시작한다고 알렸어요. 오랫동안 하고 싶었지만 망설였던 일이에요. 더 이상 기다릴 수가 없네요. 알람시계의 타이머 버튼을 누르지 말아야 할 일이 생겼어요. 고마워요, 멜!

미할에게는 이제 더 이상 알람시계의 타이머 버튼을 누르지 말아야 할 이유가 생겼다. 그녀의 경우처럼, 우리 모두는 아주 들뜬 마음으로 일어나서 더 이상 알람시계 타이머 버튼을 누르고 싶지 않을 만한 이유가 있다.

그녀처럼 인생의 도약을 생각하고 있다면 반드시 자신에게 물어봐야 할 질문이 있다. "이 일을 할 준비가 되었나?"라는 감정적인 질문 대신 "이 일에 전념할 준비가 되었나?"라는 이성적인 질문을 해야 한다. 준비가 된 기분은 절대 들지 않을 것이다. "이 일에 전념할 준비가 되었나?"라는 질문에 'YES'라는 대답을 하는 순간, 행동하기 위한 마지막 힘을 얻기 위해 5초의 법칙을 이용해야 할 것이다.

마음의 준비가 되었다고 해도 실제 행동으로 실행할 때는 기분이 좋지 않을 것이다. 호주에 사는 토드의 경우를 보자. 오랫동안 토드는 자신이 열정을 가진 일을 정확히 알고 있었다. 바로 체육교육이었다. 체육을 가르치고 개인 트레이닝사업을 하는 꿈을 간직해왔다. 고등학생인 토드는 체육학과 학위를 따고 싶지만, 그의 부모님은 반대했다. 대신 전문직을 할 수 있는 학위를 받으라고 압박했다.

4년이 지나 토드는 법학과 경영학을 복수전공하는 졸업반이 되었다. 이 두 전공이 마음에 든 적은 단 한 번도 없었다. 머리 한 구석에서 끊임없이 작은 목소리가 메아리쳤다고 이메일에서 밝혔다.

그가 전공을 바꾸지 않고 그대로 둔 이유는 간단했다. 자신의 감정 때문이었다. 부모님을 실망시킨다는 생각이 그를 억눌렀다. 전공을 포기하고 체육학을 공부하기 위해 다른 대학에 가는 생각을 하루도 빠짐없이 했지만, 무기력한 기분이 들었다. 교무과에 찾아가서 서류를 작성하는 일은 쉽다. 하지만 부모님의 실망을 마주하는 일은 무척이나 가슴이 아프다.

4년 가까이 전공을 포기하고 싶었지만, 자신의 두려움이나 부모님의 실망에 대처하는 법을 알지 못했다. 마침내 그는 5초의 법칙에 따라 행동했다. 세법학 수업을 듣다가 이제 준비가 되었다는 사실을 깨달았다. 그의 말을 들어보자.

"세법 수업을 얼마나 싫어하는지 증명할 수 있습니다. 수업을 듣기 시작한 순간부터 그만두고 싶었어요. 하지만 지금 이 상황이 가장 심란한 이유는 학위를 받을 때까지 내 인생을 탓하기만 하고 말 그대로 그냥 내버려뒀기 때문일 겁니다."

토드는 자신의 앞날도 상상할 수 있었다. "부모님은 석사 학위를 받으라고 종용하셨을 테고, 나는 그대로 따르면서 살아가겠지요. 내 자신이 아닌 다른 사람들을 위한 삶을 말이지요."

토드는 이 모든 일을 가능하게 한 행동 본능과 5초의 법칙에 따른 결심을 설명했다. "그냥 시작했어요. 그만 포기해야 했어요. 주섬주섬 책을 정리하고는 수업 중간에 자리에서 일어나 강의실을 나왔습니다."

몸은 떨고 있었지만, 그는 움직이고 있었다. 곧장 교무과에 가서 자퇴를 신청했다. 그런 다음 브리즈번 남쪽으로 2시간 정도 차를 몰아 퀸즐랜드공과대학교에 가서 꿈에 그리던 학과에 지원했다.

그 운명적인 화요일 아침이 벌써 2년 전이었다. 현재 스물네 살이 된 토드는 교직 과정 절반을 이수했고 지금껏 이렇게 즐거운 적이 없었다고 했다. 내년에는 교육학 우등 과정을 시작하기로 했다. "내 삶의 목적을 찾았어요. 내가 해야 했던 바로 그 일이었어요."

변호사가 되기 싫다고 처음 말했을 때 당연히 그의 부모님은 실망했다. 하지만 그동안 무서워서 속마음을 말하지 못했고 행복하지도 않았다는 말에 훨씬 더 낙담했다.

나 자신을 믿기

나는 마음이 하는 소리에 귀를 기울여서 행동에 옮기고 인생의 시간표에 구애받지 않는다면 어떤 일이든 할 수 있다고 믿는다. 좋아하는 책 중에 세계적인 베스트셀러 《연금술사》가 있다. 역대 최고의 베스트셀러 중 하나로 손꼽히면서 80개 언어로 번역된 책이다. 10년이 넘게 사람들에게 추천했고, 이 책을 쓰는 동안 새 책을 한 권 구입해서 계속 자극을 받고 중요한 내용을 되새겼다.
"마음이 시키는 대로 할 때 온 우주가 나서서 도와준다."

《연금술사》 출간 25주년 기념판 서문을 읽다가 깜짝 놀랐다. 브라질에서 처음 출간되었을 당시 이 책이 처참하게 실패했다는 사실은 전혀 모르고 있었기 때문이다.

"25년 전 《연금술사》가 내 모국 브라질에서 처음 출간되었을 때, 아무도 주목하지 않았다. 브라질 북동부 지역에 있는 한 서점에서는 출간 후 첫 주 동안 한 사람만 책을 사갔다고 했다. 6개월이 더 지나서야 두 권 째 책을 팔 수 있었다. 처음 이 책을 사갔던 사람이라고 했다. 그렇지만 세 권 째 책이 팔릴 때까지 얼마나 더 오래 걸릴지는 아무도 알지 못했다.

그해 연말쯤에는 《연금술사》는 팔리지 않는다는 것을 모두 분명히 알게 되었다. 초판을 발행했던 출판사는 나와 관계를 끊기로 결정하고 계약을 해지했다. 책과 관련된 프로젝트에서 완전히 손을 떼고 나에게 넘겨버렸다. 당시 나는 마흔 살이었고 자포자기 상태에 빠졌다.

하지만《연금술사》라는 책에 대한 믿음은 결코 잃지 않았다. 책 속에는 내 자신이, 나의 모든 것이, 나의 마음과 영혼이 담겨 있었기 때문이다. 내가 표현한 비유대로 살고 있었다. 한 남자가 미지의 보물을 찾아서 아름답고 마법 같은 장소를 꿈꾸며 여행을 떠난다. 여행이 끝날 무렵 남자는 보물이 항상 자신과 함께 있었다는 사실을 깨닫는다."

"나는 마흔한 살이었고 자포자기 상태에 빠졌다." 나는 이 부분을 읽으면서 소름이 돋았다. 5초의 법칙을 발견했을 때 바로 내 나이가 마흔한 살이었고, 정확히 자포자기 심정이었기 때문이다. 내 힘을 발견하고 표출하는 데는 유효기간이 없다는 것을 깨달았다. 파울로 코엘료가 서문에서 밝힌 것처럼 모든 것은 나 자신에 대한 믿음에서 시작되고, 그 믿음은 자신을 독려하는 용기의 밑바탕이 된다.

"나는 내 자아의 신화를 따라갔고, 내 보물은 글 쓰는 능력이었다. 이 보물을 세상 사람들과 함께 나누고 싶었다. 나는 다른 출판사에 연락해보기 시작했다. 한 출판사가 관심을 보였고, 나와 내 책을 믿고《연금술사》를 다시 한 번 살려보기로 했다. 서서히 입소문을 타면서 마침내 책이 팔리기 시작했다. 3,000부, 다음에는 6,000부, 또 다시 1만 부. 이런 식으로 1년 내내 서서히 판매부수가 늘어났다."

이 책의 인기는 사회적 현상이 되었고, 그다음은 사람들이 알고 있는 그대로다. 20세기 최고의 책 열 권 가운데 하나로 평가받는다. 인터뷰에서 코엘료에게 이 책이 성공할 것인지 알았냐고 물었을 때 그는 이렇게 답했다. "답은 'NO'입니다. 전혀 몰랐습니다. 어떻게 알겠습니까? 《연금술사》를 쓰는 동안 내 영혼에 관해 쓰고 싶다는 생각뿐이었으니까요. 내 보물을 찾는 탐색 과정을 쓰고 싶었습니다."

귀 기울일 용기가 있다면 답은 각자의 내면 안에 있다. 우리 안에는 상대방의 모습도 있고 전혀 모르는 사람의 모습도 있다. 우리 모두에게는 놀라운 힘이 있다. 내면의 목소리에 귀를 기울이고, 마침내 내면의 목소리가 이끄는 대로 따라가는 용기를 내는 힘이다.

그 힘이 이끄는 대로 따라가자.

사람들에게
꿈을
이야기하지 말라.

꿈을
보여줘라.

16장
알맞은 때는 오직 지금이다

용기 있는 행동은 항상 사랑에서 비롯된 행동이다.
―파울로 코엘료

관계를 개선하기 위한 조언은 한 단어면 충분하다.

말하라.

플로리다 소재 한 증권회사의 영업 회의에서 강연을 마쳤을 때 돈이라는 키 큰 남자가 나에게 다가왔다. 50대 후반에 수염을 길렀고, 체크 셔츠 위에 스포츠 코트를 입고 있었다. 나와 공유하고 싶은 자신만의 5초의 법칙이 있다고 했다.

돈에게는 그의 인생을 바꾼 그만의 5초의 법칙이 있었다. 몇 년 전 그는 중요한 것은 모두 말하겠다는 결심을 했다. 그러고는 본능에 따라 행동하면서 딸과 공유하려고 노력했던 일이 그들 부녀관계를 완전히 바꿔놓은 이야기를 해줬다. 수년간 그의 딸 앰버와 사위는 불행한 일을 겪은 사람들을 가족으로 받아들였다. 매주 지역사회에서 자원봉사활동도 하고 몇 차례 해외봉사활동도 다녀왔다.

돈은 딸애 부부에게 감동했다고 말해줬다. 딸과 사위가 사는 법을 칭찬하며, 세상 사람들에게 좋은 본보기가 된다고 격려했다. 앰버가 멋진 여성으로 성장해서 자랑스럽다고 덧붙였다. 그러고서 나에게 이런 말을 했다. "그 말을 하기 직전이었습니다. 너무 두려웠어요. 생각해보세요. 감정이 북받칠까 봐 말하는 게 두려웠다니까요."

그 대화 이후 딸과의 관계는 완전히 달라졌다. 부녀관계는 그가 상상했던 것보다 훨씬 더 가까워졌고, 그는 한 가지 원칙에 따라 살기로 했다.

'중요한 것은 모두 털어놓고 말하자.'

친밀해지려면 용기가 필요하다. 내 감정을 표현하려다 감정에 북받치거나 상대방을 당황하게 할까 봐 무섭기도 하지만, 그 결과는 상상 이상이다. 나 역시 지난 가을 아빠와의 짧은 대화 속에서 똑같은 경험을 했다.

마이애미에서 예정된 강연을 마치고 공항으로 가는 길에 아빠가 보낸 문자를 봤다. '되도록 빨리 전화해라.'

나는 이상하다고 생각했다. 집으로 전화를 했더니 엄마가 받았다. "엄마, 아빠가 전화해 달라고 문자를 보냈어요. 별일 없지요?" "아빠한테 직접 말해라. 바꿔줄게." 붙잡아보려고 했지만, 엄마는 수화기를 내려놓은 뒤였다. "엄마, 잠깐만! 무슨 일인데?"

엄마가 주방문을 열고 아빠를 부르는 소리가 수화기 너머 들렸다. "여보, 멜한테 전화 왔어요."

무슨 일인지 전혀 짐작이 가지 않았다. 처음에는 나한테 문제가 생겼다고 생각했다. 곧 외출금지를 당하는 열 살 아이가 된 것 같은 기분으로 택시 뒷좌석에 앉아 있었다. 무언가 잘못되었다며 그렇게 빨리 머릿속이 혼란에 빠지니 놀라울 따름이다.

불확실한 상황은 걱정하는 내 습관을 건드렸고, '만약에 그런 거면 어쩌지?'라는 생각의 늪에 빠져버렸다. '할머니가 돌아가셨나?' '내가 뭘 잘못했나?' '아빠가 경제적으로 문제가 생겼나?' '분명 나 때문인 거 같은데, 내가 뭘 했지?'

무슨 일이 일어났는지 눈치챘는가? 불확실한 상황이 걱정하는 내 습관을 건드렸다. 5초도 채 되지 않아서 나는 상황을 지레짐작해버렸다. 문이 열리고 아빠가 주방으로 들어오는 소리가 들렸다. 아빠는 수화기를 들어 무심한 어투로 말했다. "그래, 멜, 전화했구나. 지금 어디니?"

수화기 반대편에 있던 나는 정신이 없었다. "마이애미에서 강연 마치고 공항으로 가는 중인데요. 아빠 문자 때문에 무서워서 죽을 뻔했잖아요. 내가 뭐 잘못했어요?"

아빠는 껄껄 웃고는 말했다. "아니, 멜 네 이야기가 아니라 내 이야기다. 내가 확신이 설 때까지 너나 네 오빠한테 말하고 싶지 않았단다." 하마터면 스마트폰을 떨어뜨릴 뻔했다. "아빠, 혹시… 세상에나, 암이구나."

아빠는 내 말을 끊었다. "나도 말 좀 하자. 암은 아니고. 뇌동맥류 진단을 받았는데, 죽지 않으려면 머리를 열고 뇌수술을 해야 한다는구나." 아빠는 자초지종을 설명하기 시작했다. 현기증이 한 번 난 적이 있었고, 이후 골프를 치던 중 갑자기 의식을 잃고 쓰러졌다. 그 일로 MRI 촬영을 했는데, 뇌동맥류 질환인 것으로 밝혀졌다. 병원에서도 우연히 발견했다. 아빠는 주말에 미시간대학교에서 수술을 받을 예정이라고 했다.

스마트폰을 든 채로 나는 얼어붙은 듯 앉아 있었다. 시아버지는 식도암으로 돌아가셨다. 아빠의 이야기를 듣자마자 시아버지의 수술 날이 생각났다. 정말 순간이었다. 맨해튼의 암센터에서 간호사들이 시아버지의 침대를 밀고 수술실로 향했다. 이중으로 된 수술실 문으로 들어가기 전, 시아버지는 고개를 돌려 우리 모두를 쳐다봤다. 그는 미소를 지으며 손을 살짝 흔들었다. 우리 모두 희미하게 웃음 띤 얼굴로 손 인사를 했다. 나는 시아버지를 향해 엄지손가락을 들어보였다.

그 순간 느꼈던 두려움이 아직도 기억난다. 그렇게 시아버지는 회전문 너머로 사라졌다. 수술이 잘못되고 결국 합병증으로 돌아가실 거라고는 짐작도 하지 못했다.

나는 재빨리 정신을 차리고 현실로 돌아와 아빠의 말에 귀를 기울였다. 병원 복도에서 아빠가 손을 흔드는 모습이 그려졌다. 무서웠다. 이유는 모르겠지만, 아빠 역시 무서운지 정말 알고 싶었다. 물어보고 싶은 본능이 생겼지만 곧바로 머뭇거렸다.

나는 생각했다. '물어보지 마. 아빠가 당황할 거야. 당연히 아빠도 무섭겠지, 이 멍청아. 진정하고 긍정적으로 생각해. 아빠가 스트레스 받지 않게 해. 뇌동맥류가 터질 수 있으니까.' 스스로를 다그쳐야 하는 순간이었다.

'중요한 건 모두 털어놓고 말하자.'

5-4-3-2-1-

"아빠, 무서워요?"

전화기 반대편에서 침묵이 흘렀다. 물어본 게 후회가 되었다. 아빠한테서 생각지도 못했던 말을 들었다. "무섭지는 않고, 긴장이 되는 거지. 하지만 담당 의사를 믿는다. 글쎄, 운이 좋은 거 같은 기분이 드는구나."

"운이 좋다고요?" 내가 예상한 답변이 아니었다.

"그래, 뇌동맥류 질환으로 죽기 전에 고쳐볼 기회가 생긴 거니까. 만약에 무슨 일이 생긴다고 해도 후회가 없구나. 뇌졸중에 걸린 아버지를 어머니가 돌보는 모습을 보는 일이나 수지가 루게릭병으로 죽는 모습을 보는 건 정말 끔찍했거든. 나한테 정말 중요한 건 삶의 질이다. 지금 내 삶의 질은 기대 이상이야. 어렸을 때 늘 의사가 되고 싶었는데 그렇게 되었지. 네 엄마랑 정말 잘 살고 있고. 너희 남매도 그렇고. 살면서 하고 싶은 일은 거의 다 해봤고. 너라면 인생을 즐길 시간이 더 필요하다고 하겠지만 말이다."

아빠와 공유했던 가장 아름다운 순간 가운데 하나였고, 5초의 법칙이 아니었다면 용기 내어 아빠한테 그렇게 물어보지 못했을 것이다. 나는 택시 뒷좌석에 앉아 있을 뿐이었고, 모든 것을 받아들였다.

아빠는 이렇게 덧붙였다. "솔직히 하고 싶은 일이 하나 있지. 아프리카에 가보고 싶구나. 아흔 살까지 살게 되면 조지 부시 전 대통령이 90세 생일에 했던 것처럼 스카이다이빙을 해보고 싶구나."

나는 웃었다. "할 수 있을 거예요, 아빠. 분명 그럴 거예요."

아빠와의 대화는 나에게 중요한 점을 일깨워주었다. 진정한 관계를 형성하기 위해 알맞은 때를 기다리는 것은 쓸데없는 짓이다. 대화를 하거나, 어려운 질문을 던지거나, 사랑한다고 말하거나, 상대방의 말을 진지하게 듣기에 알맞은 때란 없다.

오직 지금만 있을 뿐이다.

어려운 질문만 물어봐야 하는 건 아니다. 침묵을 끝내야 하는 경우도 있다. 코트니는 오랫동안 아버지와의 관계를 그냥 내버려 둔 채 지냈지만, 내심 관계가 회복되기를 바라고 있었다. 과거에 그랬던 것처럼, 피하거나 생각만 하지 않았다. 그녀는 자신의 본능을 믿고 아빠에게 전화를 걸기 위해 5초의 법칙을 이용했다. '5, 4, 3, 2, 1' 숫자를 거꾸로 크게 외친 다음 바로 전화를 했다.

인생을 바꾸는 데는 5초밖에 걸리지 않는다.

🐦 한 달 전 솔트레이크시티에서 강연을 듣고 부리나케 집에 왔어요. 아빠와의 관계를 회복하는 데 5초의 법칙을 이용했어요. 상황을 그냥 내버려둔 지 몇 년이 지나버렸거든요. 약혼자의 방에 앉아서 큰 소리로 "5, 4, 3, 2, 1" 숫자를 외친 다음 바로 전화기를 들었어요. 예전처럼 피하거나 생각만 하지 않았어요. 일뿐만 아니라 일상생활에서도 도움이 되었어요. 매일 아침 일어나 달리기를 하러 가는 데도 5초의 법칙을 이용합니다. 정말 고맙습니다.

앤서니는 자신이 주로 꺼리던 일에 용기를 내서 관심을 기울이는 것처럼 아주 간단한 방식이 결혼생활에 엄청난 변화를 일으킬 수 있고, 아내와 더 가까워지고 자신의 욕구를 충족하는 데 도움이 된다는 것을 알고 놀랐다.

🕊 그렇게 간단한 일이 엄청난 변화를 일으켰습니다. 놀라울 뿐입니다. 예전에는 내가 바라는 걸 사람들이 알아봐주기를 기대해서 내 바람대로 되지 않으면 원망하는 마음을 가졌어요. 주로 아내에게 그렇게 굴었습니다. 모든 아내는 남편의 마음을 읽을 수 있어서 나를 놀라게 할 거라고 생각했어요.
대체로 내가 꺼렸던 일에 5초의 법칙을 이용해 관심을 기울이게 되면서 내 인생에서 몇 가지 큰 성과를 거두고 있습니다. 원래 그런 사람인 것처럼 웃으면서 지냅니다. 아내와 더 가까워지고 내 욕구도 충족되고 있습니다. 제 침묵이 문제인 줄 몰랐던 거지요.

자신의 침묵이 문제였다는 걸 알지 못했다는 앤서니의 말처럼 침묵은 항상 문제가 된다. 자신의 감정을 말하지 않겠다는 결정은 자신이 진짜 믿는 것과 그 순간에 실제 하는 행동 사이에 '인지부조화'를 유발한다. 이런 문제는 쌓이고 쌓여서 시간이 흐르면 관계를 단절시킬 수 있다.

별다를 것 없는 순간이라고 생각한 때 에스텔에게 일어난 일도 그랬다. 어이없는 부부싸움은 잔잔한 호수에 돌을 던진 모양새가 되었고, 그녀는 즉각 반응을 했다. "남편에게 이혼하자고 했어요." 에스텔의 설명이다.

"머릿속이 갑자기 아주 투명해졌고, 말을 하려고 5초의 법칙을 이용했어요. 말하거나 머릿속에 브레이크를 걸도록 선택해야 했지요. 그 순간 행동하기로 결심했어요. 이혼을 요구했지요. 돌이켜 생각해보면, 가고는 싶었지만 항상 주저했던 인생의 방향으로 급격히 선회한 건 그 결정 때문이었어요.

쉬웠다는 말은 아니에요. 결코 쉬웠던 적은 없어요. 하지만 내 결정을 단 한 순간도 의심한 적은 없어요. 진정 나다운 일을 하겠다고 순수하게 결정하고 행동한 그 순간, 내 자신을 찾았어요. 어둡고 때로 외로운 순간이 있지만, 그런 순간에도 이혼 결정을 결코 후회하지 않는다는 게 놀라워요.

우리 모두에게는 살면서 행동하거나 결정해야 할 순간이 있어요. 간혹 주저하기도 하고, 몸을 사리면서 행동하지 않으려고도 하지요. 나는 행동하기로 했어요. 진정 내가 살아 있음을 느끼고,

마음이 통하는 상대를 찾고, 무엇보다 진정한 내 자신을 찾는 건 행동하는 그런 순간들에요."

처음부터 말했듯이 5초의 규칙은 간단하다. 하지만 '말을 하는 것'이 쉽다고 한 적은 없다. 진실은 두 사람 사이의 가장 가까운 거리고 관계를 살리는 계기다. 침묵은 둘 사이의 거리를 만든다. 나타샤가 알게 된 것처럼, 진실은 진정한 관계를 만든다.

나타샤는 어머니가 갑자기 돌아가신 후 삶을 감당하는 게 힘들었다. 낙관적인 생각은 자취를 감췄고, 부정적인 미래만 보였다. 남자 친구와의 관계도 고민이었다. 그녀는 5초의 법칙을 이용해서 자신의 감정과 관계를 지속하기 어렵다는 생각을 솔직하게 털어놨다. 자신의 진심을 이야기했고, 그 결과는 놀라웠다. 관계가 흔들리는 대신 진실은 두 사람을 더 가깝게 만들었다. 이제는 약혼한 사이가 되었다.

✉ 첫 번째 이야기는 정말 소소해요. 하루에 10시간씩 일해서 대개 목요일이 되면 온몸이 산산조각 나는 느낌이었어요. 정말 소파에 엎어지고 싶을 때 5초의 법칙을 이용해서 자질구레한 일을 할 수 있는 힘을 얻었어요. 식기세척기 속 그릇을 꺼내고 싶으면 5부터

1까지 세고 바로 일어나서 해치워요.

두 번째 이야기는 첫 번째보다 소소하지도 않고, 선생님의 첫 번째 책과 관련이 있어요. 갑자기 엄마가 암으로 돌아가신 후 연초부터 힘들게 지냈어요. 사는 게 감당하기가 힘들었어요. 평상시 갖고 있던 긍정적인 생각은 자취를 감춰버렸어요. 3년 동안 만나온 남자 친구와의 관계도 흔들렸어요. 나쁜 일이 일어날까 봐 매일 걱정했고, 남자 친구와 관계도 계속 이어갈 수 없을 것 같아서 두려웠어요. 긍정적인 미래는 보이지 않았고 부정적인 점만 보였어요.

2016년 6월, 내가 괜찮지 않다는 걸 깨달았고 5초의 법칙을 이용해서 남자 친구와 우리 관계에 대해 진지하게 이야기했어요. 내가 어떤 기분이고 어떻게 상황을 개선하고 싶은지 설명했지만, 방법은 알지 못했어요. 남자 친구는 참을성 있게 내 말을 들었고, 우리는 시간을 두고 이야기하기로 했어요. 하지만 결국에는 새로운 관점에서 우리 관계를 볼 수 있도록 전문가의 도움을 받았어요. 우리 두 사람이 얼마나 많은 일을 함께 겪었고, 커플로서 관계 회복력이 아주 뛰어나고, 우리 관계가 무너질까 전혀 걱정하지 않는다는 점을 깨달았어요.

지난 2개월 동안 관계 개선을 위해 애썼고 지금은 두려움 없이 지내고 있습니다. 우리 관계에도 믿음이 있고요. 우리 두 사람의 관계는 주말에 더욱 단단해졌어요. 남자 친구가 프러포즈를 했거든요. 물론 저는 좋다고 했고, 제 인생에서 가장 행복한 순간을 보내고 있습니다. 처음에는 남자 친구와의 대화가 어떤 결과를 가져올지 전혀 알지 못했어요. 하지만 진심을 말해야 무슨 일이 있는지 알 수 있다고 생각했어요. 결과는 놀라웠어요. 정말 감사드려요. 더 이상 두려움 때문에 꼼짝 못 하게 되는 일은 없으니까요.

빠르게 지나가는 일상 속에서 우리는 관계의 가장 사소한 순간에 감춰진 심오한 힘을 종종 이해하지 못한다.

최근에 나에게는 삶의 속도를 늦추고, 현재에 충실하고, 속마음을 말하고, 마음이 하는 소리에 귀를 기울이는 일이 중요하다는 것을 새삼 떠올리는 일이 있었다. 내 강연을 들은 한 남자가 페이스북으로 메시지를 보내서 조시 우드러프 가족을 기념하는 추모 페이지를 봐달라고 했다. 남자는 조시가 5초의 법칙을 온몸으로 실천하며 최선을 다해 살았던 사람이라고 생각했다.

나는 본능적으로 추모 페이지 링크를 클릭했다. 메리라는 여성이 올린 포스팅이 가장 먼저 보였다. 인생에서 우리 모두가 원하면서도 가장 어처구니없는 이유로 멀리 외면하는 친근함과 교감에 관한 아름다운 내용의 포스팅이었다. 뉴올리언스에서 조시가 뺑소니 차량에 치여 숨지기 일주일 전, 메리는 식료품 매장에서 조시를 봤지만 아무 말도 하지 않았다. 메리의 이야기를 그대로 전한다.

✉ 조시와 내 아들 자레드는 2학년 때부터 친구였습니다. 우드러프 가족은 우리에게 가장 소중하고 사랑하는 친구였습니다.

조시가 죽기 일주일 전, 식료품 매장에서 두 번이나 봤습니다. 처음에는 멀리 떨어져 있어서 그냥 속으로 생각했습니다. '어머, 저기 조시가 있네. 크리스마스를 보내러 집에 왔구나.' 매장 건너편까지 소리쳐서 부르기는 뭐해서 아는 척을 하지 않았습니다.

며칠 뒤 조시를 또 봤습니다. 이번에는 털모자를 쓰고 함박웃음을 터뜨리며 누군가와 이야기를 하고 있더군요. 전에 비해 훨씬 가까운 거리에 있었지만, 이번에도 말을 걸지는 않았습니다. 서둘러 장을 봐야 했고, 화장도 하지 않은데다가 옷차림도 좀 그래서 아는 사람과 마주치고 싶지 않았거든요. 일주일에 두 번이나 조시를 보다니 뜻밖이라고 생각해서 조시네 가족을 위해 기도했어요.

조시가 죽었다는 소식을 들었을 때, 그때 말을 걸지 않은 것을 정말 후회했습니다. 그때가 마지막일 줄은 정말 몰랐습니다. 하지만 제가 기억하는 조시의 마지막 이미지는 세상을 환하게 비출 정도의

밝고 호탕한 웃음이었어요.

지난주 전자제품 매장에 갔다가 좀 떨어진 곳에 친구 제니가 있는 걸 봤어요. 조시가 기억났지만, 매장 밖으로 나갔어요. 바쁘기도 했고 가서 말을 걸 이유가 없었거든요. 그러다가 다시 조시 생각을 했어요. 결국 방향을 돌려 매장 통로에서 큰 소리로 외쳤어요. "안녕, 제니!"

메리의 글은 우리 모두에게 놀라운 사실을 일깨운다. 때로 다음은 없으며, 마음의 목소리가 들리면 바로 말해야 한다는 것이다. 조시의 엄마 캐런과 연락이 닿았고, 그녀는 조시에 관한 이야기를 해줬다.

"조시는 다른 사람의 감정을 두려워하지 않았어요. 조시가 10대일 때, 친정어머니가 암 진단을 받았어요. 곧 돌아가실 거라고 모두 다 알고 있었지요. 어느 날 저 혼자 거실에 앉아서 친정어머니를 생각하다가 울고 말았어요. 조시가 들어와서는 무슨 일이냐고 묻더군요. 그러고는 나를 똑바로 쳐다봤어요. 시선을 돌리지 않고 가만히 있었어요. 곁에 앉아서 제 이야기를 들어줬어요. 그날부터 우리 모자는 단순한 엄마와 아들의 관계에서 친구관계로 발전했어요. 인간으로서 제 이야기를 전부 다 들어줬거든요."

조시를 만날 기회가 없다는 게 마음이 아프다. 조시는 멋진 사람처럼 보였다. 캐런은 이렇게 설명했다. "조시는 실천의 화신이었어요. 자신만의 계획이 있었고, 계획에 따라 행동했어요. 조시가 죽고 나서 사람들은 조시가 주저하지 않고 살았다고 입을 모았어요."

캐런은 이메일에 조시가 새해 전날 부부에게 보낸 메시지를 첨부했다. 사고를 당하기 불과 몇 시간 전에 보낸 메시지였다. 캐런은 이렇게 말했다. "조시는 메시지를 보내야겠다고 생각했고, 그렇게 했어요. 우리는 남은 평생 이 메시지를 보물처럼 간직할 겁니다."

💬 밤이 되기 전에 새해인사를 드리고 싶었어요. 말로 표현할 수 없을 정도로 두 분에게 감사드려요. 2016년에 우리 가족에게 무슨 일이 있을지 정말 기대가 돼요.

💬 새해 복 많이 받으렴. 우리도 너한테 고맙구나. 네 덕분에 우리도 삶의 즐거움을 느낀단다. 오늘 밤 몸조심하고. 엄마라서 어쩔 수가 없구나.

아직 전하지 못한 말이 있다면, 남겨놓지 마라.

5-4-3-2-1-

다가서라. 그리고 그 말을 전하라.

그 꿈을 따를 **용기**만 있다면,

우리의 **모든 꿈**은 실현될 수 있다.

CHEER UP!

🐦 무시했었을 문제를 두고 아내와 다시 이야기하고 있습니다. 내가 외면했을 뿐 문제가 없어지는 건 아니니까요. 무엇보다 나 자신에게 솔직해지고 있는 점이 만족스러워요. 완벽한 사람은 아닐지라도 자격은 갖춘 사람이니까요. 자격을 갖췄다는 게 이렇게 기분 좋은 일인지 놀랐습니다. @마크

결론

나의 힘

**도로시, 너에게는 항상 힘이 있었단다.
힘이 있다는 걸 스스로 터득해야 했을 뿐이지.
-《오즈의 마법사》중**

오늘, 놀라운 일이 벌어질 것이다.

한 여성이 일을 그만두려고 한다. 정말로 일이 싫었기 때문이다. 겁나지만, 어쨌든 그렇게 할 것이다. 한 남자가 결혼을 취소하려고 한다. 당연히 사람들의 눈총을 받을 걸 알고 있다. 쉰여섯 살의 한 수의사가 자신의 첫 번째 사업을 시작하려고 한다. 한 앱 개발자는 첫 번째 앱을 내놓으려고 하고, 열다섯 살 한 소년은 첫 번째 요리책을 쓰기 시작할 것이다.

한 은행원은 항상 하고 싶었던 행정직에 지원할 작정이다. 자신이 100퍼센트 자격이 있다고 생각하지는 않지만, 그 이유만으로 이대로 포기할 수 없다. 술집에서 한 남자가 매력적인 여성에게 다가가기 위해 친구들과 있는 안전지대를 벗어나려고 한다. 처음에는 그 자리에서 죽을 것 같은 기분이 들겠지만, 두고 보면 예상했던 것보다 훨씬 괜찮을 것이다.

제대로 하지 못하거나 완전히 실패할 수 있다는 걸 안다.
하지만, 어쨌든 시도한다.
마음속에서는 'NO'를 외치지만 개의치 않고 밀어붙인다.
두렵지만 그런데도 움직인다.

이유는 무엇일까? 답은 간단하다. 최고의 내 모습을 찾는 비결을 알고 있기 때문이다. 마음의 소리가 들리면 존중하고 '5, 4, 3, 2, 1' 숫자를 센 다음 행동한다. 다른 선택을 할 수도 있지만, 진정한 내 모습이 되는 기회를 놓치는 것이 두렵기도 하다. 관습적으로 생각하고 사는 것은 내 인생에 주어진 즐거움과 기회, 마법 같은 순간을 놓치는 일이다.

감수해야 하는 가장 큰 위험이라면 실제 열심히 살기도 전에 죽는 일 정도다.

캘리포니아에 거주하는 댄은 그런 일이 벌어지게 내버려두지 않는다. 그는 회계학 여름 강좌를 등록했다. 마흔네 살에 신입생이라 생각하면 주눅이 들지만, 어쨌든 시도한다. 배움에는 나이가 없다는 점이 중요하기 때문이다.

호놀룰루에 사는 셜리는 남편을 잃고 난 뒤 다시 열심히 살려고 애쓰는 중이다. 지난 4년 동안 너무 많은 '5초의 기회'를 허비해버렸다. 이제 그녀는 일상생활 속 용기 있는 행동을 연습하고 있다. 사소한 일부터 시작했다. 다시 산책을 시작했다. 이 한 가지 변화가 수년 동안 닫혀 있던 문을 열었다.

캘리포니아 산타모니카에 사는 줄리는 불안감을 누르고 전화를 하기 위해 5초의 법칙을 이용해서 스스로를 독려했고, 두 가지를 얻었다. 자신감과 췌장암 환자를 돕기 위한 기부금 5,000달러를 얻었다.

인도 뉴델리에 사는 풀키트는 적극적으로 5초의 법칙을 이용하다 보니 놀라운 방식으로 발전하고 있다. 5초의 법칙 덕분에 이제는 자신이 하는 일에 항상 최선을 다한다. 풀키트는 마흔네 살의 신입생 댄에게 계속 노력하라고 조언한다. 그는 일상생활 속 용기 있는 행동의 힘을 알고 있다. 자신도 이제 막 학사 학위를 마쳤기 때문이다.

직장에서 한 주 내내 엄청난 스트레스를 받은 캐서린은 그저 긴장을 풀고 거창한 것이 아니라 당당히 술 한잔 정도의 즐거움을 누리고 싶었지만, '5, 4, 3, 2, 1' 숫자를 거꾸로 세고 술집 근처에 주차된 낯익은 차량들을 지나쳤다. 갈등이 교차하는 긴장된 귀갓길이었지만, 그 순간 그녀는 이겼다. 별다를 바 없는 귀갓길이었다고 해도 승리한 것처럼 느꼈다고 말했다.

미네소타에 사는 켈리는 수년 동안 꿈만 꾸다가 드디어 마음이 이끄는 대로 5초의 결정을 내렸다. 그녀는 프랑스로 이사할 예정이다. 결심을 했더니 로자 파크스가 말한 것처럼 두려움이 사라졌다. 켈리는 두려움 때문에 주저하는 대신 머릿속으로 자세한 계획을 세우려고 한다.

런던에 사는 스티브는 외상 후 스트레스 장애를 겪고 있었고 템즈강 다리에서 생을 마감할 생각을 했다. 도움을 요청하라는 본능의 목소리가 들렸고 순간 5초의 법칙이 생각나서 그는 난간에서 물러나 사람들을 향해 걸어갔다. 무엇이 우울증에 빠지게 했는지 인정하는, 인생에서 가장 힘든 순간이었지만 '5, 4, 3, 2, 1' 숫자를 거꾸로 세고 난 후 목숨을 구할 용기를 얻었다.

마지막으로 제임스의 사연을 소개한다.

제임스는 1년 전 남동생을 자살로 잃었다. 제임스는 이렇게 말했다. "내 동생이 5초만 생각했었더라면 싶습니다. 남동생 일을 되돌릴 수는 없지만, 내 자신은 바꿀 수 있습니다." 제임스는 5초의 법칙을 이용해서 아침에 일어나 다시 살아갈 용기를 얻었다. "앞으로 나아갈 때가 된 거지요. 열정도 되찾고 달리기도 다시 시작하고요." 제임스는 5초 안에 결정을 내렸다. 지금 그는 남동생 패트릭을 추모하며 160킬로미터를 달리려고 한다.

> #패트릭을_위해 #자살금지 #당신은_할_만큼_했어
>
> 정말 감사드립니다. 저에게는 강연이 컨퍼런스의 하이라이트였습니다. 2015년 6월 8일, 남동생을 자살로 잃기 전에 하프마라톤은 18회, 풀코스 마라톤은 2회 완주했었지요. 동생이 죽은 뒤로 더 이상 달릴 수가 없었어요. 달리기는 도피처였고, 반성하고 생각하는 시간이었습니다. 달리기도 싫고 돌이켜 생각하기도 싫었습니다.
> '5, 4, 3, 2, 1' 숫자를 세고 나서 다시 살기로 했던 스티브의 이야기가 정말 마음에 확 와 닿았습니다. 동생도 5초만 생각했었더라면 싶었습니다. 남동생 일을 되돌릴 수는 없지만, 내 자신은 바꿀 수 있습니다.
> 앞으로 나아갈 때가 된 거지요. 열정도 되찾고 달리기도 다시 시작하고요. 동생을 추모하며 160킬로미터 달리기를 하려고 했지만, 시

작하라고 등 떠미는 한 방이 없었어요.
패트릭 스트리플링을 추모하며 5초를 셉니다. '5, 4, 3, 2, 1'
감사드립니다. 잘 이겨낼 겁니다.

우리는 산도 움직일 수 있다. 지금 당장 무슨 일이 일어나든지 이제 시작일 뿐이다. 내 인생이다. 인생은 다시 시작하지 않는다. 과거를 바꿀 수는 없지만, 5초 안에 미래를 바꿀 수 있다. 바로 일상생활 속 평범한 용기의 힘이다.

마음의 목소리가 들릴 때, 그 목소리를 존중하고 '5, 4, 3, 2, 1' 숫자를 거꾸로 세고 행동하라. 한순간의 용기로 하루를 바꿀 수 있다. 하루는 인생을 바꿀 수 있고, 한 사람의 인생은 세계를 바꿀 수 있다.

우리 안에는 위대함이 있다. 이제 그 위대함을 내보일 때다.

5-4-3-2-1-

5초의 법칙

목표를 향해 행동하고 싶은
본능이 생기는 순간,

5, 4, 3, 2, 1

숫자를 거꾸로 세고
몸을 움직여야 한다.
그렇지 않으면
머릿속에서 방해할 것이다.

memo

5, 4, 3, 2, 1,

시작!!